未來都市
新趨勢

長田英知——— 著

雷鎮興 ——— 譯

ポスト・コロナ時代
どこに住み、どう働くか

前言

　　流行世界各國，引起嚴重特殊傳染性肺炎的新型冠狀病毒 SARS-CoV-2（以下簡稱 COVID-19），其傳播速度又急又快，瞬即劇烈改變了我們的社會。

　　日本東京奧運延期舉辦，出國、跨縣市移動也都遭到限制。日本政府籲請民眾「自律」（原文「自肅」，意即克制與他人接觸、群聚，防止病毒擴散）的期間，多數企業改為居家辦公，加速了數位化的發展。餐廳也提供外帶與外送的服務，想盡辦法在夾縫中求生存。

　　這些變化，必然對我們的生活與工作造成重大影響。

　　COVID-19 流行前，大概沒有人質疑每天要出門到公司上班這件事情吧。

　　儘管有人痛恨企業要求員工在颱風天、大雨或大雪的日子照常出勤，但多數人均理解：必須每天準時到公司辦公室工作，在這個場所待滿一定的時數才能下班，這是再自然不過的事了。

　　然而，隨著 COVID-19 大規模流行，日本政府宣布「緊急事態宣言」（類似我國的二、三級警戒，但規定不同，也不具法律上的強制效力），要求民眾自律、避免外出。突然之間，企業紛紛半強制性地要求大家待在家裡工作。

　　學生的情況同樣如此。疫情剛開始時，政府要求民眾自律，盡量待在家裡的期間，學校多半採取網路線上授課。因此，學生也必須適應這種在家學習的上課模式。

　　COVID-19 疫情彷彿過去的全球金融海嘯般，改變了我們的社會系統，甚

至有過之而無不及。

也就是說，我們社會結構的重心，從原本人與人面對面接觸為前提的實體經濟活動，轉變為以網路交易、線上付款為主的虛擬經濟模式。而且，這種社會結構的轉變是不可逆的。

2008 年開始，我在 IBM 公司從事智慧城市等促進 ICT（Information and Communication Technology，資訊與通信科技）的相關發展事業。

2016 年，我進入 Airbnb Japan 工作，致力推展以民泊旅宿事業*為主的共享經濟，期望能普及日本各地。

我從事的這些工作之中，包括與不動產、物流，以及人與人之間實際的接觸連結，都透過了 ICT 來強化、彌補其中的不足，使其運作更有效率，目標放在建立一個使人們生活更加便利的社會。

但實際上，在推展這些業務時，受到了各種法規限制與商業習慣的阻礙，因此很難說過程是順利的。

然而，隨著染疫擴大，我們的行動、集會受到限制。在這樣的情況下，就某種意義而言，我認為 COVID-19 具有強制性的破壞作用，它瓦解了我們過去在社會上、技術上一直以來受到的阻礙。

疫情越來越嚴重，政府要求民眾自律、盡量避免外出的期間，相信大家一開始都感到非常煩惱：該用什麼方式、在家裡的哪個空間工作？孩子該如何學習？工作與私人時間，該如何明確區分？

---

*註：日本國土交通省（等同我國的「交通部」）於 2018 年 6 月 15 日制定《住宅宿泊事業法》，亦稱為《民泊新法》。「民泊」與「民宿」在日本的定義與法律規定不同，民泊主要是把個人住宅的一部分、空別墅、公寓的空房間等，提供給他人住宿；屋主不一定要在場管理，但不在場時必須委託第三方公司代為管理（如 Airbnb）；整年度出租日上限為 180 天。

不過，隨著大家逐漸習慣這種新日常與新工作型態，必然會體認到一個事實，那就是工作效率與生活品質（QOL）反而提升了。甚至，有不少人自認再也回不去過往的通勤生活，擠著那猶如沙丁魚罐頭般的電車。

今後，隨著市面上 COVID-19 疫苗或治療藥物的普及，若感染風險順勢減低，我們終究會回到行動自由的社會吧。

儘管這一天指日可待，我們卻已經無法想像，生活中沒有 IG、Netflix（網飛）、LINE 這類社群媒體或影音平臺，更無法想像工作時沒有筆記型電腦與智慧型手機等輔助工具。即使恢復原來的生活，想必習慣了在家工作的我們，也很難完全回到 COVID-19 之前的生活與工作模式吧。

總而言之，大疫改變了我們部分的生活型態與工作方式，許多人已欣然接受，甚至有人樂在其中。

我認為，在 5 年、10 年過後的未來，當我們回首俯瞰此刻經歷的一切，應該就能明白，COVID-19 類似於柏林圍牆倒塌，發揮了某種作用。

柏林圍牆倒塌後，僅僅過了 1 個月，美國布希（George H. W. Bush）總統與蘇聯戈巴契夫（Mikhail Gorbachev）總書記，兩人就在馬爾他島舉行會談，共同宣示結束冷戰時代。而且，在還不到 1 年的時間，東德的經濟瀕臨崩潰，出現存亡的危機，更促成了東西德的統一。

COVID-19 同樣發揮了作用，把社會的齒輪切換到一個截然不同的未來。

今後，假如氣象預報颱風即將橫掃東京首都圈，但企業仍然要求員工必須到辦公室出勤上班，這種企業肯定不會是優秀人才求職時的熱門首選吧。另外，像 Zoom 這類能夠在網路上進行學習、交流的視訊會議軟體，即使在疫情過後，人與人恢復真實世界的接觸生活，依然會被廣泛使用，成為一項有力的手段，將我們連結在一起。

COVID-19 絕非帶來我們事前無法預料的全新變化。因為，它只不過是讓遲早有一天會來的未來，稍微地提前來到而已。

那麼，在 COVID-19 肺炎的衝擊下，社會結構出現巨大變化，我們生活與工作的型態，會有什麼樣的轉變呢？

接下來，我們在人生路上，該做出哪一些選擇？又該如何選擇生活與工作的型態呢？

透過本書的各項分析，在目前這個時間點上，我預測「未來可能發生的情況」與「我們可以做出的選項」，希望能夠深入探討有關我們「生存之道的策略」。

長田英知　2021 年 2 月

目錄

第 3 章　新日常時代的社會特徵

第 4 章　工作與學習型態的變化

第 5 章　休閒娛樂的型態有何變化？

第 6 章　思考生活與居住的方式

第 7 章　設計全新的「住家」

第 8 章　設計新生活

第 **1** 章

COVID-19 疫情前，
日本社會趨勢與
住宅情況

若想瞭解 COVID-19 發生之後日本社會有何轉變，
回頭仔細觀察 COVID-19 前社會呈現的本來樣貌，是最好的方法。
因此，本書首先探討 2010 年至 COVID-19 發生之前，
對我們來說這段期間是什麼樣的時代？
其中又有哪些事物，造成疫情期間居住與工作上的問題？
藉虛構的故事，本章描述兩位主角於東京市區工作的狀況，
讓大家一同思考這些問題。

武藏小杉・加奈子的日常

一日作息時間表

時間	事項
	05:30 起床
06:00	05:45 早餐
07:00	
08:00	07:40 出門→送女兒去幼兒保育園
	移動
09:00	8:55 抵達公司
10:00	
11:00	在辦公室工作
12:00	
13:00	12:55 午餐
	13:00 與客戶開會
14:00	
	移動
15:00	
16:00	在辦公室工作
17:00	
	17:30 匆忙下班
18:00	移動
19:00	
20:00	
21:00	
22:00	

清晨 5 點半，設定好的鬧鐘響起，加奈子（41 歲）揉著惺忪睡眼察看手機，確認當日的氣象新聞。前一天，颱風直接登陸九州地區，造成嚴重災害，氣象預報上午將會通過加奈子居住的關東地區。戶外的雨勢，似乎有增強的趨勢。

　　女兒的幼兒保育園發了一封電子郵件提醒加奈子，如果颱風直接通過關東地區，就要提前下課，家長得準備提早接送孩子回家。

　　不巧的是，當天和客戶有一場重要會議，加奈子無法提前下班，而隻身在北海道札幌工作的丈夫，根本無法立刻趕回來。萬一女兒必須提早回家，也只能拜託住在附近的婆婆幫忙接送。

　　輕輕嘆了口氣，加奈子隨即調整心情，起身準備梳洗更衣。

　　平時，加奈子會花 30 分鐘準備早餐與女兒的便當。但這日的天氣情況，可能會導致電車誤點，必須提早出門。便當是前一晚的剩菜與事先做好的配菜搭配；對此，加奈子也只能請女兒多加擔待。聽說有些母親會為孩子精心製作以飯菜排列而成的可愛圖案便當，加奈子雖然對女兒感到抱歉，但也明白無可奈何。

　　終於完成所有準備，成功縮短時間，加奈子喚醒女兒一起吃早餐。

　　早餐過後，加奈子哄著拖拖拉拉的女兒換好衣服，母女倆一同出門。

　　加奈子住在 15 樓。這是一棟蓋在武藏小杉地區，樓高 47 層的高塔式住宅大樓。她在 6 年前結婚，與先生以 5,000 萬日圓共同買下這間全新房屋，總面積共計 59 平方公尺（1 平方公尺等於 0.3025 坪），格局為客廳、餐廳、廚房與 2 個房間。

　　起初，夫妻倆本來考慮購買東京市區的高塔式住宅公寓大樓，但由於價格太高，他們的預算只能買到狹窄的房型，非常不划算。再加上考

量將來的生育計畫，以及居住環境、未來發展性，地點才會改成位於鄰縣的神奈川縣川崎市武藏小杉地區。

即便如此，夫妻倆的負擔依然相當沉重。儘管他們在前一年的總收入超過 1,000 萬日圓，但必須存下孩子將來的教育基金，在繳納頭期款 1,000 萬日圓之後，仍然剩下 4,000 萬日圓，分期 25 年的房屋貸款。

搭乘電梯下樓後，母女倆步行 10 分鐘左右，抵達女兒的幼兒保育園。加奈子的運氣不錯，成功申請到政府核准的保育園，畢竟她有很多身為家長的朋友為這種事心力交瘁。

送女兒上學後，加奈子直接往車站的方向走，她原本預想會因為下大雨而遲到，反而比平常提早 15 分鐘搭上電車。住家附近的車站，無須轉車就能直接抵達公司所在附近的新宿車站。

從新宿車站走到公司需要 5 分鐘。按照列車時刻表搭乘電車，從家裡出門到公司，大約只要 30 分鐘即可抵達。但是人潮擁擠的晨間時段——或者今天這種颱風下雨的惡劣天候，預計可能會遲到 10 至 15 分鐘左右。而且，早上的通勤電車幾乎擠得水洩不通，日日站在客滿車廂中根本是可怕折磨。

加奈子在電車裡發送了 LINE 的訊息給婆婆，請託她視颱風的嚴重程度，代替加奈子提早接送孫女回家。

加奈子總算在上班時間前抵達公司辦公室。她任職於化妝品公司，在商品企劃部門負責專案管理工作。

上午，加奈子向部屬確認當天下午與客戶開會的資料。她準備向一間大型連鎖便利商店進行簡報，提出新企劃，在便利商店推出限定商品——針對外國觀光客的低價美妝保養品。

加奈子在中午以前完成資料彙整，急忙以列印機印出 10 份簡報資

料，再以釘書機裝訂完畢。接著，她與部屬一起走出公司大門，望著天空降下的傾盆大雨，心想，果然和事前料想的一樣。

在這樣的情況下，搭乘電車前往客戶的公司，又是一件苦差事。加奈子索性放棄電車，改為自掏腰包乘坐計程車。但是，在惡劣的天氣裡，想要攔到空車相當困難，而且在計程車招呼站，等待的人早已大排長龍。加奈子突然想到最近開始使用的共乘 App，總算才在 10 分鐘後順利坐上計程車。

滂沱大雨導致路況壅塞混亂，平常僅需 10 分鐘的車程，竟然花了 20 分鐘的加倍時間。

雖然沒有太多的時間可以用餐，但總算趕在會議開始之前抵達。加奈子與部屬在便利商店買了果凍能量飲料充當午餐，迅速解決完畢之後，一同前往客戶的公司。

這是第 3 次與客戶開會，進展得相當順利。加奈子發表的這項商品企劃案，受到客戶的青睞，雙方達成了繼續合作下去的共識。

由於客戶希望在週末之前收到報價單，因此加奈子必須回到公司立刻完成，而且還得請示課長蓋章核准。雖然強降雨持續下個不停，但加奈子仍然與部屬一起往地下鐵的方向走去。

此時，加奈子收到了婆婆順利接送孩子回家的 LINE 訊息。由於不好意思讓孩子在婆婆家待到太晚，加奈子只好盡快完成工作，打算準時下班。她心中期盼，希望至少在回家時，雨勢能稍微再小一點就好了。

下北澤・圭介的日常

一日作息時間表

時間	行程
06:00	
07:00	
08:00	
09:00	
	9:30 起床
10:00	
	10:30 出門
11:00	11:05 與女朋友會合
	移動（澀谷～關內）
12:00	
	12:20 午餐
13:00	
	移動
14:00	
15:00	15:00 棒球觀賽
16:00	
17:00	
18:00	
	移動（球場～橫濱中華街）
19:00	19:00 晚餐
20:00	
21:00	21:00 離開橫濱
	移動（橫濱中華街～下北澤）
22:00	22:10 抵達家裡

圭介（28 歲）睜開雙眼，拿起枕頭旁的手機查看時間，早上 9 點半了。

　　前一天，圭介與久違的大學朋友碰面，相約在澀谷喝酒，一直喝到接近末班車的時間，到家時已過深夜 1 點。圭介與女朋友約好碰面的時間是 11 點，他連忙盥洗，換好衣服後馬上飛奔出門。

　　這一天，橫濱棒球場將舉行橫濱 DeNA 灣星隊的日間賽，圭介買了門票，偕同女朋友一起觀賽。

　　圭介遲到 5 分鐘才與女朋友會合，兩人一起搭乘電車前往關內站。過了 1 個小時左右電車到站，他們前往事先在 IG 搜尋到的一間熱門拉麵店，迅速解決完中餐後，便往球場的方向走去。

　　橫濱棒球場將近 30,000 個座位，這一天仍然是座無虛席。為了緩解宿醉的不適，圭介一邊喝著生啤酒，一邊觀賞球賽。

　　圭介支持的灣星隊，以 3:0 的好成績贏得這場比賽。小倆口帶著愉悅的心情，在元町商店街悠哉地逛街，接著前往橫濱中華街上事先預訂的一間中華料理店。

　　享用完美味的晚餐後，兩人走出戶外，時間來到晚間 9 點鐘。由於隔天女朋友剛好休假，所以就到圭介家過夜。兩人在回家的途中，圭介提起了最近常和女朋友聊到的同居話題。

　　目前圭介居住的地方，距離下北澤車站步行約 8 分鐘，是一間屋齡 25 年，設有廚房的套房。每個月房租為 8 萬日圓，雖然非常便宜，但總面積只有 25 平方公尺，以 2 個人居住而言，空間顯得有些狹窄。

　　女朋友工作的地點在大手町，而圭介工作的地點則在澀谷。若要同居的話，兩人都希望住在交通便利的地點。

　　圭介的女朋友要求，希望盡可能挑選較新的房屋物件，距離車站不

超過 10 分鐘的步行時間；房屋格局為 1 房 2 廳，而且要有防盜保全系統。

若從交通便利的地點尋找，儘管可以選擇青山或麻布十番附近的房屋，但想找到比目前圭介居住再大一點的空間，如果是 30 平方公尺的 1 房 2 廳格局，又必須是全新或屋齡較新的房屋，月租少說也要 18 萬日圓，是目前房租的 2 倍以上。不過，若是考慮麻布十番附近屋齡較高，距離車站步行 15 分鐘的房屋，通常 30 平方公尺的室內面積，只需 15 萬日圓左右就能租到了。

到底該選擇方便性較高的狹窄套房？還是屋齡較高、距離車站要多走一段路，但卻有 2 個房間且坪數較大的房屋呢？

圭介心想，不管怎樣，今天先回家好好放鬆一下吧。上次和女朋友還沒看完的 Netflix 影集，要趕快回家用 iPad 繼續看下去。明天早上，再和女朋友一起去不動產仲介公司問個究竟吧。

1970 年起：

「通勤地獄」的產生
人口遷往東京首都圈集中

2008 年起，我從事了大約 8 年與智慧城市、都市策略相關的諮詢顧問工作。任職前公司 PwC Advisory LLC 時，我同樣負責世界各國都市競爭力的相關評鑑工作。其中一項工作，就是「都市人口集中的現象越來越嚴重」的因應課題。

1950 年，全世界住在都市的人，還不到世界總人口的 1/3。然而，到了 2007 年，全世界住都市的人，已超過總人口一半了。根據聯合國預測，2050 年的世界總人口將達到 100 億人，其中可能會有超過 70 億的人口集中在都市。

儘管日本許多地區也持續朝向都市化發展，但最值得注意的特徵就是，從 1960 年的經濟高度成長期開始，直到 2010 年代，人口集中的

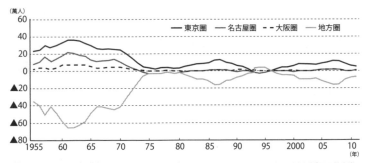

□ 人口往三大都市圈移動的趨勢變化

資料：日本中小企業廳（相當於我國經濟部的中小企業處）根據日本總務省（相當於我國內政部）的「居民基本資料人口移動報告」製作而成的統計圖。
（註）1.東京圈：埼玉縣、千葉縣、東京都、神奈川縣；名古屋圈：岐阜縣、愛知縣、三重縣；大阪圈：京都府、大阪府、兵庫縣、奈良縣。三大都市圈：東京圈、名古屋圈、大阪圈。地方圈：三大都市圈以外的地區。2.統計不包括3大都市圈之間的人口移動。3.圖表縱軸的0以上，代表遷入人口的超過數字；0以下的▲則代表遷出人口的超過數字。

現象，「只」發生在東京首都圈而已。

上頁圖引用 2014 年《中小企業白書》的資料。這是一份統計日本 3 大都市圈與地方圈的人口動態相關圖，仔細研究基本上可得知，經濟高度成長期的 1960 年代，來自地方的大量人口，湧進了東京圈與大阪圈。1970 年代中期之後，同樣可看出大阪圈、名古屋圈的遷入與遷出人口維持一定的比例，然而遷入東京圈的人口數，卻呈現過多的狀態。尤其是在 1980 至 1993 年（泡沫經濟至泡沫經濟崩潰）、2000 年以後（網路科技產業泡沫經濟崩潰開始），由地方圈流出的人口達到巔峰，這些流出的人口數量，幾乎全部湧入了東京圈。

人口一味往東京圈集中的現象，為什麼會一直持續呢？

列舉其中一項因素就是，在所有企業中，能夠發揮重要功能的企業總部，幾乎都集中設立在東京，創造出的就業機會也就特別多。

目前，設立在東京都的企業總部，大約有 59 萬間左右，相當於日本股份有限公司總數的 1/4。另外，以股票上市的企業來看，設立在東京都內的企業總部，占了所有上市企業的 51.5%，總計 1973 間。

那麼，為何這些集中在東京發揮總部功能的企業，會吸引大量人口湧進東京首都圈呢？因為，這些企業工作的員工，幾乎都是所謂在辦公室工作、領著月薪的支薪族（上班族）。

聽到「支薪族」這個詞，或許有人會產生一種昭和時期（1926-1989）的懷舊感。然而實際上，二戰過後，這群就業者中的受僱者——也就是上班族，已持續呈現直線上升的比例。在進入令和年號（2019）之際，更是上升到有史以來的最高比例。

舉例來說，1953 年的所有就業者中，支薪族的占比為 42.4%。到了 1959 年突破了 50%（51.9%）；1993 年則為 80.7%；2019 年更高達 89.3%。

東京計畫 1960（丹下都市建築設計）。

　　人口不斷往東京集中的結果，導致更多企業在東京設立公司。這些大量湧入東京的人，以受僱者的身分工作，人人皆認為這裡是能夠賺錢的地方。

　　但另一方面，從偏鄉地區持續湧入東京的人，想在東京市區尋找居住的空間，也變得越來越困難。

　　1964 年，當東京奧運舉行之際，設計國立代代木競技場的建築師丹下健三先生曾經思考，1960 年開始，日本進入經濟高度成長期，由於地方湧入都市圈的人口大幅激增，所有以「向心型、放射狀」功能集中在東京市中心的「封閉」都市結構，遲早有一天將不堪負荷。因此，他提出了「東京計畫1960」的方案，試圖打造一座「開放」的海上都市，呈現「線形、平行射狀」，將從新的都市中心橫跨東京灣，最後延伸至對岸的木更津市。

然而，丹下先生提出的都市構想計畫最終沒有實現。

　　取而代之的，是 1960 年代開始，由東京各個私人鐵路公司實施的鐵路沿線住宅地開發（沿線宅地開発），這種開發模式稱為 TOD（Transit-oriented Development，公共交通指向型都市開發）。它加快了都市開發的腳步，更強化「東京計畫 1960」所顧慮的向心型、放射狀的都市結構。

　　具體而言，私人鐵路公司把這些——過去是山坡地、沼澤地或農地——距離東京市中心數十公里的土地，規劃為市郊，開發成「附帶庭院的獨棟式房屋」住宅地區，以放射線狀向外圍延伸。

　　另外，公共交通網路同時也建設完成，可輕鬆地把住在遠距離住宅地區的企業員工，大量運輸到東京市中心。就算住在放射線尾端的郊區，也能利用公共交通網路通勤上班。都市的效率發揮到極致。

　　我的前一份工作是策略顧問，協助日本政府把「都市輸出」這項計畫，推廣到海外都市，也就是提供日本各個地方政府（自治體）所建設的都市開發、基礎建設開發等解決方案，作為其他國家在開發都市時的參考。

　　從這些解決方案來看，首先必須落實縝密周詳的計畫，如同東京都市圈雖然地狹人稠，卻有著細膩的都市開發計畫。為了順利維持這些計畫，鐵路交通系統幾乎不會延遲。在交通尖峰時段，每隔幾分鐘就會發車，迅速將人潮分批運輸，如此高效率不曾在世界上的其他國家見過。只不過，我想補充一件事，這樣的系統，會因為公共交通的距離，使得通勤的時間變長，尤其是早上與傍晚的人潮特別擁擠。這是工作、生活在都市圈的人必須付出代價，才能順利運作的系統。

　　有超高效率的交通系統支撐，就能成為超高人口密度的都市。因此，在經濟高度成長期之後，人口依然持續不斷地湧入東京。

根據國立社會保障暨人口問題研究所的統計資料，距離東京 50 公里範圍的居住人口全國占比，在 1960 年為 16.7%，到了 2015 年上升至 26.2%。

　　順帶一提，從東京市區向外延伸，在半徑 50 公里的區域範圍，包括了東京都的八王子市、青梅市；神奈川縣的橫須賀市、茅茅崎市、厚木市；埼玉縣的飯能市、鴻巢市、加須市；千葉縣的成田市、茂原市、富津市。對於居住在東京首都圈的人來說，或許會覺得這樣的範圍很廣，但是以日本全國土地的角度來看，其實只是一小部分的區域範圍而已。

　　像這樣，高達日本總人口 1/4 以上的人，全部都集中在東京方圓 50公里的範圍裡，對住在這些區域的上班族來說，每天都得過著忍受「通勤地獄」的生活。

2000 年起：

「勝利組」與「失敗組」
高塔式住宅大樓的產物

進入 2000 年，嚴格的建築限制逐漸鬆綁，其中向心型、放射狀的都市結構，更是造成了人口密度的失衡問題。

具體來說，東京市中心與位在放射線上的區域特別受到歡迎。因此，這些區域就建造越來越多高塔式住宅的高樓大廈，並發展成公共、商業設施集中的小巧都市型區域，藉此加速都市垂直化的發展。

2010 年過後，這種趨勢也可以從流入東京 23 區的人口情況看出來。

根據國立社會保障暨人口問題研究所的統計資料，觀察日本 20 個大都市的人口增減數，東京 23 區在 2000 至 2005 年的人口增加數為 35.5 萬人；2010 至 2015 年的人口增加數為 32.7 萬人。

單看人數似乎有減少的趨勢，但仔細研究 20 個都市的人口純增加數，其中東京 23 區的占比，相較於 2000 至 2005 年的 36.4%，2012 至 2015 年則為 48.7%，比率反而升高。

表示日本 20 大都市的人口純增加數，有一半都集中在東京 23 區裡。

甚至，東京 23 區的住宅大樓，也有顯著的增加趨勢。

東京 KANTEI 是日本最大的不動產資料庫公司，根據它公布日本全國主要行政區住宅大樓化的增加趨勢排行榜，光是東京都的區部就獨占前 3 名：第 1 名為千代田區的 83.63%，第 2 名為中央區的 80.40%，第 3 名為港區的 75.49%。此外，前 20 名中，其中 8 名也是東京都的區部，除了上述的前 3 名以外，尚有新宿區、澀谷區、文京區、

🏠 日本全國主要行政區2019年住宅大樓化的比率排名以及中古住宅大樓戶數

順位	都道府縣名	行政區名	中古住宅大樓戶數			家庭戶數 (B)	住宅大樓化比率 (=A÷B)	與前一年的相差比率
			竣工10年以內	超過30年	總數 (A)			
1	東京都	千代田區	8,650	9,766	28.401	33,961	83.63%	-1.47%
2	東京都	中央區	26,137	15,625	70,449	87,620	80.40%	0.84%
3	東京都	港區	22,248	39,715	101,936	135,034	75.49%	0.28%
4	大阪府	大阪市中央區	17,404	11,875	43,339	58,537	74.04%	1.61%
5	千葉縣	千葉市美濱區	6,257	19,134	39,289	63,644	61.73%	-0.65%
6	大阪府	大阪市西區	12,735	10,064	32,755	55,337	59.19%	0.48%
7	大阪府	大阪市北區	17,121	12,704	44,256	74,862	59.12%	0.30%
8	兵庫縣	神戶市中央區	14,438	12,830	42,893	74,190	57.82%	0.96%
9	福岡縣	福岡市中央區	11,848	20,295	58,992	108,425	54.41%	0.47%
10	神奈川縣	橫濱市西區	6,652	7,076	28,808	53,711	53.64%	-0.01%
11	東京都	新宿區	22,285	40,775	96,936	188,283	51.48%	-0.19%
12	東京都	澀谷區	11,206	33,137	67,115	130,946	51.25%	0.50%
13	愛知縣	名古屋市中區	8,393	10,417	25,523	50,125	50.92%	1.15%
14	大阪府	大阪市天王寺區	5,949	5,270	18,317	36,916	49.62%	1.54%
15	東京都	文京區	12,267	17,798	56,262	113,593	49.53%	0.14%
16	東京都	江東區	40,672	35,970	120,624	253,062	47.67%	0.81%
17	神奈川縣	橫濱市中區	7,399	11,111	36,089	77,173	46.76%	0.56%
18	大阪府	大阪市福島區	8,018	3,856	18,205	40,044	45.46%	0.98%
19	東京都	台東區	17,131	11,857	48,855	108,853	44.88%	0.72%
20	兵庫縣	蘆屋市	1,694	8,549	19,293	44,051	43.80%	0.26%

(東京KANTEI)

江東區、台東區。如果把名列前茅的區部與日本全國住宅大樓化平均增加比率的 12.64% 進行比較，就能明白東京區部的住宅大樓增加比率實在過高。

如果人口持續湧入東京市中心的 23 區，僅靠低樓層公寓提供需求，將會變得越來越困難。

因此，東京開始嘗試建設比低樓層公寓還要更高的大樓，也就是所謂的高塔式住宅大樓。

高塔式住宅大樓之所以大量建設的關鍵，在於 1997 年政府修改了《建築基準法》。這項法規修改之後，不僅免去走廊與樓梯等公共設施的容積率（建築物總興建面積與土地面積的比例）計算以外，還訂定出「高層住居誘導地區制度」，容積率最高可擴大到 600%，而且免適用「日影規制」（防止高層建築物產生陰影而遮蔽鄰近住宅的日照規定）的法規。

關於東京市中心與超高樓層住宅的相容性，曾經著手規劃六本木新城森大樓（六本木 Hills．森タワー），任職於美國大型建築事務所── KPF 建築事物所（Kohn Pedersen Fox Associates）的首席建築師大衛．馬洛特（David Malott），接受日本放送協會 NHK Special 的《NEXT WORLD》節目專訪。NHK 也在 2015 年 2 月 10 日的報導中，彙整出他的許多獨特想法。

馬洛特先生表示，東京的全新未來，必須讓更多人口集中到市中心才對，因此提出了一個構想──在東京灣的正中央地方，建造一座高達 1,600 公尺的超高樓層建築物（Hyper Building）。東京鐵塔高度為 333 公尺、東京晴空塔高度則為 634 公尺。在他提出的這座超高樓層建築物中，規劃了住宅用地、辦公室，甚至還包括超級市場等商圈，一切皆以垂直的方向整合在同一棟建築物，任何生活上的需求，都可以在這裡獲得滿足。

馬洛特先生提出的全新東京都市計畫。　Image by Focus

　　有人認為，馬洛特先生提出此一構想，其實是受到了丹下先生過去提出的「東京計畫 1960」影響。

　　然而，對比兩者之間的差異，丹下先生試圖克服向心型、放射狀的都市問題，因此提出了以水平狀發揮開放功能的都市型態；馬洛特先生的目標則放在打造出垂直型的高樓層建築物，是屬於極度向心型的都市型態。

　　儘管實際情形不像馬洛特先生的提案如此誇張，但觀察日本的高塔式住宅大樓林立，從解決景觀與日照權問題的角度來看，東京沿岸的人工填海造陸地區，確實提供了大量的居住空間給在東京市區的上班族。而且，許多高塔式住宅大樓的附近一帶也興建商業設施。如此一來，人們只要住在一個區域裡，即可滿足生活上的所有需求。

　　上述提到日本全國主要行政區住宅大樓增加趨勢排名中，除了東京最核心的 6 區（千代田區、港區、澀谷區、新宿區、文京區、中央區）以外，還有東京首都圈沿岸的地區：千葉市美濱區的幕張新都心、橫濱

市西區的橫濱港未來21（みなとみらい）、東京都江東區的豐洲，這些沿岸地區都是高塔式住宅大樓林立的區域。

只要繞一圈沿岸地區周圍的高塔式住宅大樓，就能發現它有增加的趨勢，除了在東京都心的6區以外，也擴增至過去鐵路沿線開發的區域。

特別是進入2010年之後，六本木與虎之門附近一帶，再度進行大規模的開發，作為全新的辦公大樓區域。甚至，大型不動產開發業者也在以高級住宅地區聞名，位於港區的白金周邊區域進行開發，建造並提供「工作與住家地點接近型」、「工作與住家地點一體型」的高級高塔式住宅大樓。

獨棟式房屋的土地價格對購屋者來說，是一筆相當沉重的負擔。相形之下，高塔式住宅大樓的價格較為合理。然而現實的情況是，蓋在東京黃金地段的高塔式住宅大樓，有能力購買的階層，也僅限於一小群人而已。

這種情況下，許多人就會像本章的加奈子一樣，不考慮東京市中心，改以選擇住在武藏小杉的高塔式住宅大樓，因為它蓋在鐵路沿線住宅地的重點開發地區，以大型轉運車站為中心的徒步圈範圍，就是一個小巧都市型的區域，交通與生活機能都非常方便。

像這樣，住宅大樓將越蓋越高、越來越追求便利的生活機能；相較之下，在郊外住宅區開發的新市鎮（New Town），如果沒有車子代步，生活就會非常不方便，因此越來越不受到青睞，再加上高齡人口逐年增加，這些地區的空屋也就越來越多。

於是，在1都3縣裡的居住環境裡，很明顯地形成了「勝利組」與「失敗組」的地區。

2010 年起：

「東京市中心的昂貴小窩」還是
「郊外或鐵路沿線的大房」？

2010 年，人口開始極度集中在有限的幾個再開發地區，包括：東京市中心、沿岸地區，以及鐵路沿線開發地區。

這些為數有限的再開發地區受到青睞，然而在人口集中之後，就算住宅大樓蓋得再高，仍舊是供不應求，土地的調度也變得越來越困難。

於是，後來新建的住宅大樓，不僅每戶的地板面積減少許多，價格還變得比過去更加昂貴。

接著看實際的統計資料。

2018 年，東京首都圈的新建住宅大樓，每戶平均售價為 5,592 萬日圓，而 2019 年則為 5,904 萬日圓，漲幅為 5.6%，連續 3 年維持上漲。311 東日本大地震的 1 年後，2012 年的平均售價為 4,241 萬日圓，相較之下，8 年後的價格上漲了 4 成。另外，2019 年的平均單價為每坪 309.4 萬日圓，從前一年的 291.6 萬日圓上漲了 6.1%。東京首都圈的平均單價，每坪超過 300 萬日圓，這是自從 1991 年經濟泡沫化過了 28 年之後，首次出現的情況。

不含公共設施面積（專有面積）的小型房屋，則有增加的趨勢。2019 年這類小型房屋，平均面積為 63.09 平方公尺，2018 年則為 63.39 平方公尺，呈現持平的狀態。

然而另一方面，從統計資料可得知，地板面積 30 平方公尺到未滿

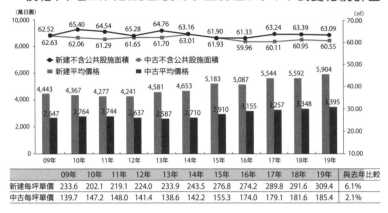

東京首都圈新建、中古住宅大樓：
價格、不含公共設施面積的小型房屋、每坪單價變化統計圖

	09年	10年	11年	12年	13年	14年	15年	16年	17年	18年	19年	與去年比較
新建每坪單價	233.6	202.1	219.1	224.0	233.9	243.5	276.8	274.2	289.8	291.6	309.4	6.1%
中古每坪單價	139.7	147.2	148.0	141.4	138.6	142.2	155.3	174.0	179.1	181.6	185.4	2.1%

50平方公尺的房屋物件，從2017年的6.9%，擴大到2018年的8.1%，以及2019年的10.0%。

　　以上的市場動態，是COVID-19大規模流行之前的情況。若想購買大小適中的新建房屋時，如同加奈子買下遠離東京市中心的高塔式住宅大樓，就是非常明智的選擇。另外，如果像圭介的情況一樣，雖然是年度所得較低的族群，卻仍堅持在東京市中心尋找房屋時，就不得不選擇屋齡高，而且距離車站較遠的房屋物件了。

　　再者，由於東京市中心的房屋價格高昂，停車位的價格也跟著水漲船高，導致住在市中心的人放棄開車。

　　如果觀察東京首都圈各個地區不同的通勤方式，放棄開車的地區就可以一目了然。根據國勢調查顯示，日本國內上班與上學的族群，通勤交通工具的榜首為自用汽車，高達46.5%。

以日本全國都道府縣各地的比例來看，利用自用汽車最多的地區，依序為山形縣的 77.6%、富山縣的 77.4%、秋田縣的 75.4%。

相反地，利用自用汽車最少的地區，依序為東京都的 9.4%、神奈川縣的 33.1%、大阪府的 28.6%，皆為都市地區。

另外，利用電車通勤的比例，東京都為 44.5%、神奈川縣為 33.1%、大阪府為 28.6%。

人們越來越不重視把自家汽車當作通勤的方式，因此都市地區每戶家庭持有的自家汽車，明顯地變得越來越少。

以全國平均而言，每戶家庭持有的自家汽車平均為 1.043 輛。持有最多的地區是福井縣，平均為 1.718 輛。相反地，東京都是最後 1 名，每戶家庭的平均持有數是 0.443 輛。由此可見，不把自家汽車或摩托車當作個人移動的工具，卻又想過著便利生活，在選擇居住地區時，就會優先考慮車站附近的房屋，形成必然發生的因果循環。

第 2 章

COVID-19 疫情
帶來的社會變化

COVID-19 流行前的社會，人們的工作與居住地點，
多集中在東京市中心的局部地區。
由於都市垂直化的快速發展，大樓越蓋越高，
為了將都市的效率發揮到最大。
那麼，在疫情發生之後，我們的社會產生了什麼變化呢？
本章將探討疫情衝擊下帶來的 4 個變化階段，
依序分析說明。首先，就隨著加奈子與圭介的日常情景，
了解其中的轉變吧。

2020 年的景象

（政府要求民眾自律不外出）

武藏小杉・加奈子的日常

一日作息時間表

時間	行程
06:00	06:00 起床
	06:30 早餐、咖啡時光
07:00	07:00 做家事
08:00	
09:00	09:00 開始工作
10:00	10:00 線上會議
11:00	
12:00	12:00 中餐
13:00	13:00 開始下午的工作
14:00	
15:00	15:00 線上會議
16:00	
17:00	
	17:30 工作結束
18:00	17:45 出門買晚餐（外帶）
19:00	
20:00	
21:00	
22:00	

清晨 6 點，鬧鐘未響加奈子就醒了過來。

今天到底是星期幾呢？由於每天都待在家裡，對於日期掌握的感覺，已一點一滴消失。加奈子剛起床，用昏沉的腦袋想了又想，接著打開手機查看，才確定這一天是星期四。雖然再過 2 天就是週末，卻不像過去平日上班般湧現快要放假的高昂情緒。

她把睡在身邊的丈夫喚醒，接著離開床鋪準備刷牙洗臉。丈夫的工作同樣也受到了疫情爆發的影響，1 個月前從北海道回到家裡工作。

加奈子做完早餐，把女兒叫醒。女兒今年開始上小學。雖然背著期待已久的書包參加 4 月初的入學典禮，隔日學校卻突然宣布停課。

學校通知加奈子，5 月底之前都不會開課。在不得已的情況下，加奈子只好報名線上補習班，讓女兒參加每天 2 小時的學習課程。但是，學習以外的時間，女兒不是看漫畫書，就是玩電動玩具，終日沉浸玩樂。

然而時間一久，女兒也漸漸對漫畫與電動玩具煩膩，卻還是不能去心心念念的學校上課，也不能隨意外出玩耍、找朋友，精神上似乎累積了不少壓力。加奈子和丈夫試圖指導女兒學習，也想陪伴她一起玩遊戲，但兩人追趕著工作與生活上的變化，早已精疲力盡，實在分身乏術。

吃完早餐，加奈子和丈夫分擔洗衣服、打掃等家事，很快完成工作。省去通勤時間，才有時間完成瑣碎的家事，算是值得慶幸的事情。

開始工作之前，加奈子會先和丈夫確認當天的工作計畫，這已經是彼此間的慣例。家裡的格局是 2 房 2 廳，也就是客廳與餐廳、主臥房以及女兒的房間。基本上，兩個人會同時在客廳沙發與餐桌上工作，不過線上會議該如何進行，就成了一大問題。

　　進入公司的線上會議，按照程序順利開完會，這件事本身沒問題，無論與公司內部或客戶，都可以毫無滯礙順暢進行會議。但是，要在家裡打造適合的線上會議環境，卻比想像中還要不容易。

　　兩個人在同一個空間工作，當有人進行線上會議，另一個人處理電腦工作雖然容易分心，但還在可接受範圍。問題就出在若是夫妻兩人同時進行線上會議的時候。

　　當兩個人必須在同一個時間開會，為避免說話聲音同時出現在對方的線上會議中，彼此會事前協調好，重要程度較低的那一方（夫妻倆決定），就移到主臥房進行。

　　但是，房間裡並沒有多餘的空間擺放桌椅，只能採取坐在床上、面朝著筆記型電腦的方式開會，相當不方便。

　　當初夫妻倆在挑選房屋時，原本以為 2 房 2 廳的格局已足夠，現在卻有些後悔。早知道就選擇多一間書房，或是空間更大的客、餐廳，可拿來作為工作的空間。

　　只不過，兩人在購屋時想都沒有想過，有一天竟然會碰到需要在自己家裡工作的情況。

　　這一天，兩人同時都要在上午 10 至 11 點，以及下午 3 至 4 點進行線上會議。

　　加奈子上午 10 點進行的是公司內部會議，在夫妻的寢室進行即可，所以就把客廳讓給丈夫使用。不過，由於下午 3 點是跟客戶開會，加奈子就需要在客廳進行。

　　此外，他們也相當為女兒操心。

　　加奈子與丈夫在工作時，會讓女兒在房間裡學習或玩耍，但實際上卻不如想像中那麼簡單。

因為女兒仍處於愛撒嬌的年紀，有時候會從房間出來，想找正在開會的媽媽或爸爸說話，期待父母有所回應。加奈子當然明白女兒的心情，但正在跟客戶開會時，這樣的干擾實在讓她非常頭痛。

　　所以和客戶開會之前，加奈子總是會把 iPad 交給女兒，但此舉讓她養成了看卡通的習慣。其實，加奈子真的不想這樣做，卻也束手無策。

　　除此之外，在家工作有好有壞，各有利弊。

　　好的一面是和丈夫相處的時間變多了。丈夫從北海道工作回來之後，加奈子單純為兩人在一起的時間增加而感到開心。特別是在假日時，兩人常常會一起下廚做菜。

　　另一方面，居家辦公也面臨了一個大問題。儘管打造適合的線上會議環境是最明顯的例子，但一直在餐桌前辦公，也並非完全沒有問題。

　　開始在家工作後，加奈子與丈夫都發現，餐桌並不適合長時間操作筆記型電腦。坐下來幾小時過後，就會開始感到腰痠背痛。

　　他們本來想添購放在起居空間的電腦桌與辦公椅，但無論亞馬遜或樂天市場等購物網站，平價的品項早已銷售一空。而且，他們已經到了再不買就無法忍受的程度了。另外，家裡沒有印表機，對工作也極為不方便。

　　下午，加奈子與客戶的線上會議，發生了問題。

　　原本針對外國觀光客在便利商店推出限定美妝保養品的計畫相當順利，然而最重要的外國觀光客，短期內無法前來日本，一般預測市場目前沒有需求。因此，客戶提出要求，希望大幅變更商品的開發時程與內容。

　　這對加奈子來說是相當困擾的事，但一想到目前情況，也無可奈何。她向主管聯絡後，取得變更合約書的同意。由於主管每週一會到公

司上班，加奈子必須在這天配合主管的時間，前往公司列印出合約書，請主管蓋章核准。雖然有點害怕搭乘擠滿人潮的通勤電車，但也是沒有辦法的事。

下午 5 點半工作結束。加奈子在這一天感到有些疲倦，索性前往附近一間經常光顧，由夫妻經營的義大利餐廳點了外帶餐點。

這間店在美食網站的評分相當高。過去，每逢週末想吃頓好料時，總是很難預約成功。但是，自從疫情爆發，顧客急遽減少，晚上也不能營業到太晚，這段期間改成了僅提供外帶的服務。

其實，外帶餐點比在店內享用還要划算，況且又是在如此嚴峻的非常時期，加奈子當然想靠實際行動為常去的店家打氣。

丈夫的工作似乎也結束了。加奈子請他在家幫忙照顧女兒，接著就外出取餐，順便去附近的超級市場採買。

由於日用品有宅配到府的服務，所以在超市只需購買生鮮食品即可。加奈子在收銀機前排隊等待時，順手拿了身旁貨架上的小麥粉、泡打粉，和生鮮食品一起結帳。

如此，週末就能和女兒一起做麵包了。2 週前，兩人一起做麵包的時光，實在開心無比。女兒拜託加奈子再做一次，但上週去超市買材料時卻已賣完，終於在這週買到，想必女兒一定會非常高興吧。

回家後，一家 3 口吃著晚餐，夫妻倆順便討論最近想搬到位於郊外，空間較大的獨棟房屋這件事情。

疫情爆發之前，平日的晚上，他們回家只有吃飯和睡覺，放假大多會去附近的公園或外出購物，就目前居住的地點，到哪裡都很方便，這也是當初購屋時他們最重要的考量，買一間能滿足基本生活機能的房屋。

不過，自從疫情爆發，一家 3 口在家的時間變多了。家裡的居住品質卻不盡理想，但他們又很想在家裡擁有舒適愉快的生活，這樣的念頭越來越強烈。夫妻倆買下的這間房屋，以屋齡來說還算新，而且疫情終究會結束，要是此時購屋搬家，未免太不切實際。

　　但加奈子心想，這種生活要是一直持續下去，倒不如利用這個機會，重新思考居住這件事，豈不是更好嗎？

2020 年的景象

（政府要求民眾自律不外出）

下北澤・圭介的日常

一日作息時間表

時間	行程
06:00	
07:00	
08:00	
09:00	09:00 起床
	09:20 和女朋友視訊聊天
10:00	
11:00	11:00 午餐
	11:45 DIY
12:00	
13:00	
14:00	
	14:30 DIY 結束
15:00	
16:00	
17:00	
18:00	18:00 線上聚餐飲酒
19:00	
20:00	
21:00	
22:00	

一覺醒來，圭介拉開窗簾，一望無際的湛藍天空，沒有雲朵。是個愉快的星期天。看著窗外舒適怡人的天氣，圭介壓抑著內心想出去玩的衝動。

開啟手機畫面，女朋友發來了一則 LINE 訊息。圭介立刻回撥視訊電話，小倆口開始聊天。由於政府要求民眾自律，盡量避免外出，圭介與女朋友見面的時間減少。為了彌補不能在一起的時光，所以不管平日或假日，只要一有空，兩個人就會把握機會視訊聊天。

圭介的女朋友也覺得可惜，如此好天氣竟然不能外出。兩人在視訊通話時，一直懷念著過去可以去各地約會的自由，這一切，卻彷彿已然遙遠。

這一天，圭介的女朋友打算在家編織最近迷上的手工編織物，靠它消磨一整天。她笑著說：「到了年底，我會織一條圍巾當作禮物送給你哦。」晚上，圭介觀賞了女朋友喜愛的歌手舉辦的線上演唱會。

圭介跟女朋友約好，下星期要一起收看另一位歌手舉行的線上演唱會，然後結束兩個人的視訊通話。

上星期，在 DIY 居家修繕工具與材料販賣連鎖店，圭介預訂了木材與不鏽鋼桌腳，打算自行組裝一張電腦桌。

圭介指定宅配在中午之前送達。他把昨晚的剩菜當作午餐，迅速吃完後，隨即開始動手組裝桌子。

圭介把所有材料準備齊全，儘管喜歡 DIY 的朋友已提供建議，圭介也牢記了所有的製作步驟，然而實際動手做時，卻不如想像中那麼簡單。

首先，圭介使用砂紙，研磨杉木材質的桌面，接著塗上一層油。由於他想要深沉的感覺，挑選了暗色系塗料，覺得自己決定正確。塗完一

遍，等待些許時間，繼續塗第 2 遍，讓色澤感覺更加深沉，完成了非常美麗的色調。

接下來，則是圭介有生以來初次使用電動螺絲起子，他把不鏽鋼桌腳牢牢鎖在桌面的下方。

若是動作熟練的人，大概只需 1 小時就能做好，不過圭介花了將近 3 小時才完成。然而，這種親自動手做的充實感，以及完成後對這張桌子的喜愛，是圭介過去不曾擁有的感覺。

到了晚上 6 點，圭介迫不及待地使用這張新桌子，擺好了酒和食物，準備與高中時代的朋友舉行線上聚餐、飲酒的活動。

其實，原本這個月預計要開同學會，但由於政府呼籲民眾自律，盡量避免外出，在這樣的情況下，活動被迫延期，也因此才會另外召集有興趣的朋友，一起參加線上活動。

在這場線上活動中，除了能看到好久不見的朋友，還能看到每個人的房間，圭介特別對大家挑選壁紙的品味感到好奇。只不過，線上的活動有一個小缺點，那就是不像參加實體活動時，店家最後會打烊，散會後需要趕末班電車。現在，一個不小心就會忘記時間喝過頭。

圭介與久違的老朋友們開懷暢談，他深深體會到，人與人的連結有多麼重要。

變化 1：

移動與面對面的限制

COVID-19 疫情對我們生活最初帶來的巨大改變，就是物理上連結的限制。具體而言：

1. 政府限制民眾移動的自由，要求大家自律，盡量避免外出，以及暫停旅客從國外入境日本。

2. 政府限制民眾集會的自由，強烈要求不舉辦多人群聚的活動。

正因為有了這 2 項限制，導致人與人在物理上的連結機會大幅減少。

接下來一起思考，各種限制造成的具體影響。

首先是限制民眾移動的自由，這項規定讓街上的人潮產生極大變化。在這當中，從事零售業與旅遊業的業者，感受最深刻的一點，就是從國外入境的觀光客大幅減少。

近年來，從國外入境日本的觀光客人數，已遠遠超過日本人出國的人數，而且每年一直維持著這種情況。

1970 年，大阪萬國博覽會舉辦時，造訪日本的外國觀光客人數與日本人出國的人數，兩者皆為 85 萬人，人數幾乎相同。

後來，在日本經濟成長的榮景中，日本國民出國的人數持續攀升。1990 年中期過後，出國的人數已高達 1600 萬至 1700 萬人之間。另一方面，2002 年，日韓首度共同舉辦世界足球盃，有 500 萬人的外國觀光客入境，但是這些人數，只不過占了日本人出國旅行人數的 1/3 而已。

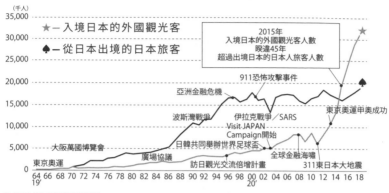

訪日的外國人數與出國的日本人數變化統計圖（1964年－2018年）

（千人）

★ — 入境日本的外國觀光客
♠ — 從日本出境的日本旅客

2015年
入境日本的外國觀光客人數
睽違45年
超過出境日本的日本旅客人數

911恐怖攻擊事件
亞洲金融危機
波斯灣戰爭
伊拉克戰爭／SARS
Visit JAPAN
Campaign開始
大阪萬國博覽會
日韓共同舉辦世界足球盃
東京奧運甲奧成功
廣場協議
訪日觀光交流倍增計畫
東京奧運
全球金融海嘯
311東日本大地震

64 66 68 70 72 74 76 78 80 82 84 86 88 90 92 94 96 98 00 02 04 06 08 10 12 14 16 18
19'　　　　　　　　　　　　　　　　　　　　20'

出處：日本政府觀光局（JNTO）

　　然而，進入2010年以後，入境日本的外國觀光客卻突然急速成長。從311東日本大地震的2011年開始，外國觀光客從622萬人不斷向上攀升，到了8年後的2019年，甚至高達3,188萬人，增加了將近5倍之多。

　　另一方面，由日本出境的日本人旅客，2010年起持續呈現持平的狀態。於是在2015年，入境日本的外國觀光客人數，終於超過日本人出國的人數，睽違了45年之久。

　　這樣的結果，拉開了兩者之間的差距：2019年年底入境日本的外國觀光客人數，大約是日本人出國人數的1.5倍。

　　入境日本的外國觀光客增加，除了旅遊行業以外，也為其他產業帶來莫大的助益。即便是一般的商品與服務，也鎖定外國觀光客，不斷地增加項目，甚至擴及政府允許一般家庭提供旅宿服務的「民泊」新領域。另外，在大都市或觀光地區的地方政府，如何制定因應大量外國觀光客的政策，同樣成為了一大課題。

2020 年，東京舉辦奧林匹克運動會，這場盛會原本是吸引外國觀光客赴日消費的象徵活動，卻受到 COVID-19 疫情的影響，情況產生了180 度的大轉變。

　　2020 年 4 月 3 日起，日本政府開始限制許多國家的旅客入境，導致外國觀光客急遽減少。根據日本政府觀光局的統計資料顯示，4 月入境日本的外國人數為 2,900 人，5 月僅 1,700 人。這個數字與前一年同期比較，減少了 99.9%。這是自從 1964 年正式統計以來，以月為單位的總人數中，首次出現跌破 1 萬人以下的情況。在這之後，仍然是低於1 萬人的數字，6 月為 2,600 人，7 月為 3,800 人。

　　順帶一提，訪日的中國旅客，在 2019 年 5 月有 756,365 人，相較之下，2020 年 5 月只有 30 人。

　　此外，儘管日本出境觀光客比外國入境觀光客的情況好一點，但人數減少的問題仍然相當嚴峻。

　　日本航空公司 JAL 於 2020 年 6 月 9 日公布 5 月的航班搭乘人數，國際線為 8,295 人，比前一年同期減少了 99.0%；國內線 5 月為204,974 人，比前一年同期減少了 92.4%。

　　另一家 ANA 航空公司也面臨相同的問題，2020 年 5 月的航班搭乘人數，國際線為 24,179 人，比前一年同期減少了 97.1%；國內線 5月為 204,155 人，比前一年同期減少了 94.7%。2020 年 7 月 22 日，儘管日本政府為提振經濟，鼓勵民眾旅遊而推出了「Go to Travel」活動，但在 8 月時日本人住宿旅館的人數，與前一年同期比較仍減少了51.5%，情況依然非常不樂觀。根據 JTB 綜合研究所統計，2020 年底日本國內過年旅行的資料顯示，除了 COVID-19 疫情，同時也受到政府要求民眾自律，避免返鄉過節的因素影響，國內旅行人數比前一年同期減少了 70% 以上。

如此對移動自由以及其他方面的諸多限制，也就等於限縮了參加各類活動、演唱會、體育賽事，甚至是聚餐飲酒與宴客等人數較多的集會自由。

疫情的嚴重衝擊下，音樂表演與體育賽事等各類活動，幾乎全部停辦或延期。根據日本國營的金融機構推估，光是 2020 年 3 月至 7 月的經濟損失，就超過了 3 兆日圓以上。

舉例來說，地方政府相關單位主辦的地區活動為 1,116 場；職業棒球或日本職業足球聯賽 J 聯賽（J-League）等職業比賽為 1,150 場；以及音樂演唱會、演奏會與戲劇為 12,705 場，這些活動不是停辦就是延期。甚至到了 6 月以後的各類活動，比如東京奧林匹克運動會延到隔年舉辦、日本全國高中棒球錦標賽停辦，對日本社會及其經濟層面，造成莫大影響。

由於餐廳是容易形成 3 密──密閉空間、人群密集、密切接觸的環境，業者在經營上同樣受到了非常大的衝擊。

根據日本經濟產業省（相當於我國的經濟部）的特定服務產業動態統計調查顯示，2020 年 3 月至 7 月，家庭餐廳的營業額與前一年同期比較，減少了 49 至 59%，而酒吧、居酒屋則減少了 90 至 91%。另外，2020 年，餐飲業者共計有 780 間倒閉，創下有史以來最多的紀錄。

變化 2：

消費模式轉為網路經濟

　　日本政府對於民眾在國內、外的移動，以及集會的限制，將隨著疫情趨緩，逐漸放寬限制。然而一般認為，受到移動與集會的限制，將對生活型態造成某些改變，即使我們回歸正常生活，它依然會保留下來。

　　其中一項保留下來的，就是本篇標題的「網路經濟」。

　　隨著疫情爆發，政府要求民眾自律不外出的期間，我們的工作與生活幾乎都在家裡進行。於是，在過去的日常生活中，我們在家裡以外從事的活動，多半都轉移到網路上進行。以網路直播現場舉辦的各類活動，大家變得習以為常。

　　對於這類轉移到網路上進行的活動，我第一個想舉的例子，就是我們把金錢與閒暇時間的運用，轉移到網路上進行消費。

　　比方說，以購買生鮮食品為例。過去，雖然業者已提供消費者定期宅配的服務，但疫情的影響下，這類商機更是急速擴大成長。

　　以關東地區為中心，透過共同購買高品質、低價格生鮮食品的組織「Palsystem 生活協同組合連合會」*，其營業額從 2020 年 2 月下旬開始成長，4 月起與前一年度同期比較，成長了 30%。該組織除了有

---

* 註：以日本首都圈為中心的大型消費生活協同組合連合會，總部位於東京都新宿區。加盟組合員總數約 193 萬人，總營收 2,219 億日元。主要營業項目以食品為中心的商品供應事業，並向共濟、保險事業、福利事業擴展。

新加入的會員以外，既有會員購買的頻率變高，而且平均客單價也提升了。另外，在網路販賣生鮮食品與生活日用品、雜貨的「亞馬遜生鮮」（Amazon flesh），受到 2020 年 3 月訂單爆增的影響，造成了缺貨或延遲送達的問題。

根據管理諮詢顧問公司埃森哲（Accenture）實施的調查顯示，政府要求民眾自律待在家中，增加了許多利用網路購買食品或生活日用品的人，其中每 5 人就有 1 人是第 1 次透過網路購買；只分析 56 歲以上的族群，每 3 人之中，則有 1 人是首次網購。另外，針對「所有的商品、服務項目都透過網路購買」這一題，回答「是」的消費者為 32%；埃森哲預估這項占比將來會上升到 37%。

Uber Eats（優食）或出前館（日本在地餐飲外送服務）這類提供送餐服務的網路平臺，同樣是發展得相當蓬勃的行業。在疫情的肆虐下，活用這些平臺服務的店家，除了連鎖速食店、家庭餐廳、個人經營的餐廳以外，連 LAWSON 便利商店與全家便利商店，也都開始運用優食平臺提供外送服務。

一般而言，住在東京市區的人，便利商店幾乎都在徒步可抵達的範圍裡，而通常會購買的物品，主要都是日常生活中的必需品。但是在疫情期間，大家一直待在家中，連徒步外出也都盡量避免。所以，網路平臺提供的外送服務，就成為了大眾的需求，這是相當令人印象深刻的一點。

我們上課、上班之餘，所從事的休閒娛樂活動，也轉變成網路上提供的服務。

閱讀本書的讀者，想必有很多人在疫情期間，加入了 Spotify（思播）、Netflix、Amazon Prime Video（亞馬遜 Prime 影音）等數位內容服務平臺，成為會員。

例如，Netflix 在 2020 年 3 月底時的付費會員用戶，與前一年的年底比較，成長了 1,577 萬戶，這種成長幅度實屬罕見。於是，全世界的

Netflix 有 1 億 8,200 萬用戶，淨利高達 7 億 906 萬美元，相較於前一年同期，成長了 2.1 倍。另外，2020 年 9 月，日本 Netflix 的付費會員用戶，在一年裡增加了 200 萬用戶，總計突破了 500 萬用戶。

2020 年 10 月，提供網路資訊服務的 Limelight Networks Japan 公司調查顯示，日本人透過網路收看影音內容的時間，全年每週平均為 7.2 小時，比起前一年的 4.8 小時，增加了 1.5 倍。

我個人印象最為深刻的，則是在疫情期間，電影公司放棄了在電影院播放電影，改成直接在網路影音平臺上播放的策略。

比方說，美國派拉蒙影業公司（Paramount Pictures）本來計畫在 4 月推出的電影《愛的鳥事 The Lovebirds》，放棄了電影院的公開上映，並決定在 Netflix 平臺上架。過去，通常一部電影都會先在實體場所的電影院公開上映，等待下檔之後，才會接著在影音串流平臺播放。

然而 COVID-19 的流行，瓦解了電影原來制定的程序，造成了極大的轉變。它迫使大型電影公司拍攝製作的電影作品，一開始就直接提供網路上收視的服務。

此外，包括現場活動、演唱會、體育賽事等，這些過去認為需要聚集觀眾才能成立的活動，也逐漸轉變為網路線上收看的形式。

根據活動票務平臺 Peatix 的調查，自從 2020 年 2 月 17 日宣布停止一般民眾參加「東京馬拉松」的活動之後，預估接下來其他類型的實體活動，取消率將高達 60-70% 左右。

但另一方面，自從 4 月 6 日政府發布了「緊急事態宣言」之後，網路線上公開舉辦的活動大增。6 月中旬，有高達 8 成左右的活動，都改為網路線上舉行。這些在網路上的活動，有 5 成以上需要付費才能參加。不過，參與者的滿意度皆超過了 9 成，顯示出實體活動轉變為網路活動，已獲得日本民眾一定程度的理解，並且逐漸普及日本的每一個角落。

變化 3：

不需通勤上班、上學的生活

　　網路化的浪潮，擴及到我們的社會活動——也就是人與人之間連結的層面。網路化的觀念，為各個領域帶來了重大影響，其中一項就是工作上的網路化。

　　相對於過去人們每天到公司上班，目前必須自律的疫情期間，善用網路這項工具在家工作，就成為了我們生活中的新日常。

　　根據市調公司「My Voice」所做的調查，在上班族中，受到疫情影響而改變出勤制度的人將近 6 成。其中，為了避免群聚而感染COVID-19，採取在家工作或利用網路進行遠端工作的人，就占了 2 成。

　　另外，在這群居家工作或網路遠端工作的人之中，意識到工作方式出現轉變，在問卷中選擇回答「有變化」或「有一點變化」的人，共計占了 6 成。

　　我回顧自己的過去，也覺得 COVID-19 流行的前與後，在遠端工作方面，性質上出現了極大的轉變。日本社會在疫情爆發以前，早已急速地發展「數位轉型」（Digital Transformation），打造出即使人不在辦公室，依然能透過網路進行工作的環境。我目前服務的 Airbnb，在COVID-19 流行之前，也靈活地運用這種遠端工作模式。每當我和國外的團隊開會時，都必須透過線上會議系統才能順利進行，它已成為我平日的工作常態。

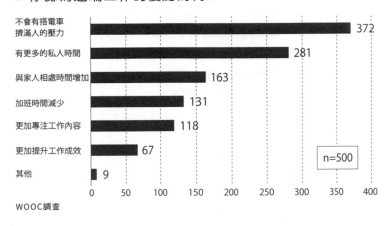

你認為遠端工作的優點為何？（可複選回答）

項目	數值
不會有搭電車擠滿人的壓力	372
有更多的私人時間	281
與家人相處時間增加	163
加班時間減少	131
更加專注工作內容	118
更加提升工作成效	67
其他	9

n=500

WOOC調查

然而，伴隨著疫情而來的限制，對於早已習慣遠端工作的我來說，該如何順利進行工作，也是一項巨大的挑戰。這是因為「能夠在自己家裡、共享辦公室（Coworking Space）或網路咖啡店進行遠端工作」，與「『只能夠』在自己家裡進行遠端工作」的情況，在程度上有著極大的差異。

根據不動產管理公司 WOOC 針對不同項目調查，有關遠端工作的優點這項提問，最多人回答的是「不會有搭電車擠滿人的壓力」、「有更多的私人時間」與「與家人相處時間增加」（上圖）。

另外，回答「無法切換為下班模式」與「很難在家裡整理出一處容易工作的環境」的人，也不在少數（下頁圖）。

許多教育、學習的機構，也配合政府不外出群聚的要求，把實體課程改為網路遠端教學。在疫情的影響下，停課的學校改為網路線上教學

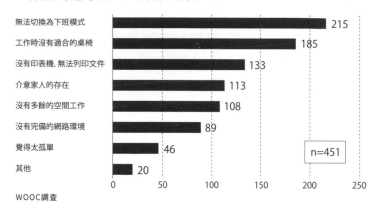

〔□〕 **你認為居家辦公的缺點為何？**（可複選回答）

無法切換為下班模式	215
工作時沒有適合的桌椅	185
沒有印表機,無法列印文件	133
介意家人的存在	113
沒有多餘的空間工作	108
沒有完備的網路環境	89
覺得太孤單	46
其他	20

n=451

0　　50　　100　　150　　200　　250

WOOC調查

的比例，高中為 14%、大學則高達 46%。根據文部科學省（相當於我國的教育部）的調查顯示，2020 年 5 月，日本全國大學之中，完全實施遠端教學占整體的 66.2%、尚在研議中則為 30.5%。

　　從 2019 年度開始，我以客座教授身分，接下了京都藝術大學的任教工作。在 2020 年度前期，我所有的授課方式，皆調整為網路遠端教學。

　　我比較了遠端教學與前一年實體課程的差異，認為與學生實際面對面上課時，較容易掌握教室的氣氛。後來所有的課程改為線上教學，但仍然可以透過線上工具，讓學生彼此討論，也很容易看出他們的進步與成果。而且，每次上課都有全程錄影留下紀錄，我覺得這一點非常好。

　　只不過，學生在義務教育與高等教育的學習情況會出現個別差異，我認為應避免過於高估遠端教學的效果。另外，我想特別提出一點，教育非常重視人與人的互動關係以及交流，但即便是這類實體活動，也能透過網路取代，我們的社會正朝向這樣的型態逐漸轉變當中。

最後來談被 COVID-19 疫情改變的社會，我們與他人之間的交流活動如何受到影響。

一個人和朋友見面，一起參加活動，這種實體活動被視為具有舉行的價值，於是有人也開始摸索，嘗試這類活動是否能透過虛擬的方式來進行。

以人工智慧助理提供用戶最佳飲食方案的 Meuron 公司進行的問卷調查中，受訪者對於是否「曾經透過視訊會議軟體 Zoom，舉行線上聚餐飲酒或聯誼活動」的提問，回答「有」的人，占了整體的 47%。在活動結束後，即使彼此成為現實生活中往來的對象，不再使用 Zoom 參加線上活動，但仍然會透過視訊會議軟體，與其他住在遠方的朋友交流。這種透過網路交流帶來的便利，逐漸形成趨勢，變得越來越普及。

另外，聯誼、相親或婚友社，這種屬於初次面對面的交談活動，同樣也開始透過線上的方式進行配對媒合。

提供婚姻媒合服務的大型企業 JBJ，從 2020 年 3 月開始，透過 Zoom 來為客戶進行線上配對。在一般實際面對面的配對活動之中，能夠成功進入下一個階段的男女大約為 30%，然而透過線上配對，卻出現了超過 40% 的良好成效。因此，即使日本政府宣布解除「緊急事態宣言」，JBJ 仍會持續提供線上配對的服務。

變化 4：

以網路為中心的生活

有人認為，這種網路經濟的發展，不過是疫情衝擊下暫時的應變方式。隨著疫苗或治療藥物的開發上市，最後終將克服一切，不再限制物理上的接觸，人類就會以真實世界為重心，再次回到社會上活動。

但是，我認為疫情帶來的變化無法逆轉。

儘管我們以真實世界為重心，但就算沒有 COVID-19 造成衝擊，總有一天經濟、社會結構也將產生變化，而且轉變為以網路為重心的可能性相當高。

也就是說，疫情所為我們生活與工作的型態帶來本質上的改變，就某種意義而言，只不過是一種具有強制性的催化劑，促使這種變化加快速度而已。

我之所以如此認為，第 1 個理由，是因為網路科技已發展得十分成熟，足以支撐人們以網路為重心的生活與工作型態。

第 2 點，以遠端工作為例來思考：受到疫情影響，加快了網路遠端工作的發展，未來人們對於辦公大樓的需求，將會變得如何呢？

根據辦公大樓綜合研究所（オフィスビル總合研究所）的預測，2020 年上半年度 4 至 6 月期的空屋率，創下自統計以來的新低點 0.6%。受到疫情的影響，預估今後一整年的空屋率將急速上升 3.7 個百分點；2021 年上半年 4 至 6 月期為 4.3%；2020 年同期為 4.4%；2023 年同期

預測將至 4.8%。然而實際上，2020 年 11 月，東京商業地區（千代田區、中央區、港區、新宿區、澀谷區）的辦公大樓平均空屋率已高達 4.33%。

不過有人認為，這種趨勢只不過僅限於一段期間，辦公室的需求終究還是會恢復。這樣的思考判斷，來自過去全球金融海嘯的經驗。

2008 年發生全球金融海嘯時，辦公室需求也曾經一度低迷，但經濟復甦後隨即急速回升。因此才有人預測，COVID-19 疫情造成的衝擊情況好轉後，東京市中心的辦公室需求也會回升。另外，也有人認為，假設疫情過後的空屋率止於 4%，那麼與金融海嘯後超過 8% 的空屋率比較，對市場情況的影響就會更有限。

儘管難以預測將來會發生哪些問題，但我認為疫情即使結束，空屋率也不會改善，甚至還有可能上升。何以見得？因為這次發生的 COVID-19 疫情衝擊，比起當年的全球金融海嘯，在網路的基礎建設上已有巨大差異。

首先，第一項原因是網路科技的進化。以全球金融海嘯發生的時間點來看，能運用在工作上的網路線上工具，僅限於電子郵件、電話而已。就遠端工作而言，無疑是一種非常大的限制。

全球金融海嘯發生於 2008 年，第一代的 iPhone 首次在日本銷售。而高速網路頻寬的家庭普及率，卻只達到整體的 57.1%。當時的情況是，雖然有人已經開始使用無線網路，但家庭中的網路環境仍有所侷限，所以在自家打造完善的網路工作環境，也僅限於極少數的家庭而已。

當年，企業在公司內部建立的網路環境，完全無法與現在相提並論。

2008 年，我任職於 IBM 商業諮詢服務的策略諮詢部門。當時，有許多企業參訪我們位於丸之內大樓的辦公室，了解如何運用最先進的網路科技打造工作環境。

在這間辦公室裡，原則上是不使用紙張資料的，所有的文件幾乎都保存在伺服器裡，員工座位採自由座位制（Free Address），雖然有劃分工作區域，但就連高階管理人員也沒有固定座位，可說是當時最先進的辦公環境。

雖然 IBM 已建立了完備的網路工作環境，但我依然記得，公司內部與外部的會議，基本上還是採取面對面的方式進行，很少有機會使用 Polycom 這一類的視訊會議系統。

採用自由座位可減少座位的數量，但這並不表示遠端工作已在辦公室普及，而是因為通常每項專案的諮詢顧問，會以長期進駐的方式在客戶的公司工作。

但是，現在建構網路環境的技術非常完備，使得遠端工作的環境產生極大轉變。員工即使不去公司，也能夠完成所有的工作。只要建立完善的網路環境，運用 Zoom、Slack、Google Docs 等各式各樣的線上工具軟體，就能夠輕易地進行遠端工作。

換句話說，全球金融海嘯發生的 2008 年與現在比較，無論是電腦、行動電話，在硬體性能上與辦公室外的無線網路環境，後者有著壓倒性的優勢。在這樣完備的網路環境下，就算只靠遠端工作，公司的各項業務也能照常順利運作。

此外，還有另一項原因。那就是企業，以及我們在認知上的轉變。

公益財團法人日本生產性本部發表了「新型冠狀病毒感染症在企業組織中，有關工作者意識帶來的影響調查（第1回：工作者的意識調查）」結果報告中，對於在自家工作的滿意度，結果顯示「滿意（18.8%）」、「如果必須選擇，則偏向滿意（38.2%）」，共計有將近 6 成的人，表示對居家辦公感到滿意。另外，關於疫情結束後，是否希望繼續遠端工作的調查，結果顯示「希望（24.3%）」、「如果必須選擇，則偏向希望

（38.4%）」，共計有超過 6 成的人，表達出肯定的意願。

同時，企業也開始摸索疫情發生之後的全新工作型態。

提供辦公空間規劃與文具用品的 KOKUYO MARKETING 公司，針對 109 間客戶的公司進行問卷調查，其中已導入遠端工作、居家辦公的企業，表示運作順暢的占了 56.3%；正在重新研議辦公室的使用規則或工作方式的企業高達 73.3%。另外，考慮分散辦公室或縮減規模的企業也占了整體的 14.7%。

企業在決定採取遠端工作模式時，也會一併考量成本與風險層面的合理性。比起持續繳交東京市區的昂貴辦公室租金，還不如重視資訊及通訊科技（ICT）、強化電腦硬體與遠端工作環境的整合。這麼做反而更能提升效率，有助於提升企業中長期的經濟效益。另外，在疫情結束之後，考量日本的風土氣候，必須經常面臨地震或颱風等災害，因此從企業營運持續計畫（BCP）的觀點來看，遠端工作非常符合分散風險的原理。

日本政府於夏季推動的 CoolBiz（清涼商務）政策，在短期間內之所以能普及日本社會，雖然是為了因應日趨嚴重的環境問題，但更重要的是，企業配合這項政策，能夠減少辦公室的空調成本。在相同的思考脈絡之下，遠端工作同樣能節省企業的經費，再加上從彈性應變以因應危機的觀點去思考，足以成為企業推動遠端工作環境的重要原因。

當然，對於必須實際面對面才能進行的工作，今後人們仍然會將它保留下來吧。另外，企業把重心轉移到網路遠端工作的型態時，也必須解決勞務管理與就業規則等法令相關問題。

目前，人們已經察覺，許多業務皆可透過網路來進行，如果善用網路線上工具，企業與員工就能創造互利雙贏的局面。因此，我們不難預見企業改用網路線上為主的系統，將成為社會的新標準（新常態）。關於這點，我將於後面章節詳細闡述。

第 3 章

新日常時代的
社會特徵

在前一章，我敘述了疫情衝擊下，
社會從過去以實體經濟為重心，轉而以網路經濟為重心。
網路經濟在疫情肆虐下的社會占有舉足輕重的地位。
疫情發生之後，社會將呈現什麼樣貌，
我們生活與工作的型態，又會變得如何？
本章將探討後疫情社會的特徵，
以及我們社會從過去到未來的轉變方向。

特徵 1：

購買自宅的選擇基準出現轉變

COVID-19 阻斷人與人真實接觸的機會，使得網路經濟當道。接下來，我們將討論網路經濟帶來的變化，而其中一項，就是人們購買自宅時的選擇基準出現轉變。

我們努力實現心中理想的生活與工作型態，在疫情發生前挑選房屋時，優先考量的重要因素，就是住家與公司、學校、公共活動等場所之間的距離。但是在疫情爆發之後的社會，住家與公司、學校之間距離的重要性，相對來說變得較低；而家裡是否擁有完善舒適的個人空間，以及住家附近的環境是否良好，就成為挑選房屋時的優先考量。

關於這一點，我想以簡單明瞭的方式稍加說明。

COVID-19 出現以前，我們在選擇居住地點時，多數人會先想到自己的工作地點，並以住家到工作地點之間的距離作為基準點。

就像前面提到圭介及其女朋友的情況，他們選擇居住的區域，會先鎖定距離工作地點最近車站——澀谷站與大手町站——沿線的各站區域。這是疫情發生之前的一般思考模式。

通常我們思考要住在哪裡時，最重要的考量因素，無非是希望每天都能輕鬆通勤到公司上班。工作結束之後，我們與同事相處的機會也較多，因此，平日有超過一半的活動時間，需要與其他人建立良好的人際關係與社會關係。

另一方面，過去假日待在家裡的時間並不多，許多人傾向選擇外出從事各種活動。根據 NHK 放送文化研究所於 2016 年 2 月公布的《2015 年國民生活時間調查報告書》顯示，白天（上午 10 點到下午 3 點）待在家裡的人，平日為 30% 左右；假日也不過 50% 左右。

這顯示即使假日，每兩個人當中，就有一個人白天選擇外出。看到這些數據就能明白，日本政府在 2020 年春天發布「緊急事態宣言」之後，無論是空閒假日、平日工作或學校課業的時間，都必須待在家裡進行，外出僅限採購生活日用品，對我們來說，這是多麼特殊的情況，想必大家的感受都很深刻吧。

待在家裡的時間越短，與鄰居往來或參與社區活動的機會，當然也就越少。根據 2017 年的一項調查，20 至 30 歲獨居的男女回答「沒有和鄰居互動往來」的情況，占了整體的 63.5%。

沒有互動往來的原因，多數人的回答是：「平常根本不會見到。」接著是「沒有什麼機會說話」，顯示出居住者與鄰居沒有產生交集的契機。特別是公寓大樓的租屋者，別說是同層樓的鄰居，許多人就連住在隔壁的人都不認識。

在 COVID-19 爆發之前，學生與上班族的活動重心，多為經營公共社會關係，地點以學校或職場為主，家裡只是滿足生活基本所需的場域。因此，特別是住在都市鬧區的人，較容易忽視住家、鄰居以及社區的關係。例如，喜愛衝浪的人，會很想住在靠海的地區；想要照顧年邁雙親的人，則會選擇住在父母家附近。倘若不是這種自發性的強烈動機，一般人選擇居住地點，通常以公司到住家的距離（＝通勤所需時間）作為基準點。

然而，在 COVID-19 爆發之後，社會出現轉變，居家辦公的人變多，通勤上班的人減少，居住空間越顯重要。

根據 Open House 房屋公司調查，所有受訪者平均一天待在家裡的時間，疫情爆發以前為 10 小時 33 分鐘，疫情爆發以後為 14 小時 51 分鐘，總共多出了 3.3 小時。

不過，這項統計資料，也包含家庭主婦在內，這群人原本待在家裡的時間就比較長。因此，扣掉家庭主婦的統計，單純只看受到疫情影響而增加在家時間的人，結果則多出了 7.1 小時。

人們的日常，一旦從過去的外出轉變成現在的居家，大家對於住宅的要求，就會產生重大變化。

一般住在都市的人（我認為獨居者的傾向更強），幾乎所有日常時間都待在戶外，因此只考量最低限度的條件挑選房屋。例如：便宜的房租、有睡覺的空間，以及附有廚房衛浴設備。但是，隨著疫情日趨嚴重，政府要求民眾自律，避免外出之後，包括工作在內，一切與生活相關的活動，都必須在家裡進行。因此，人們對於住家大小與周圍環境，在想法上產生了轉變。

剛才提到 Open House 公司的調查中，受到疫情影響而想要改善室內環境與增添設備的人，占了整體的 76.5%；而意外發現家裡也有很多趣事可做的人則占了 68.0%。因 COVID-19 肆虐，我們利用機會再次審視居家時間，就能發現家中有許多可以改善的狀況。

另外，過去有很多人不曾下廚做菜，卻因為待在家裡的時間變長，開始嘗試做各式各樣的料理；也有人整合客廳的網路與視聽環境，悠哉地享受線上遊戲或影音平臺。這類能夠在自己家中進行的活動，項目變得越來越多元豐富。為了滿足人們在家從事各類活動的需求，住宅的多功能化也越來越受到重視。

關於住宅多功能化，世界級的建築家隈研吾先生，在 NHK 的訪談中，曾提到一段值得玩味的話（2020 年 6 月 16 日 NHK《早安日本》

節目）：

　　（本來的）住家，能工作、也能生兒育女、更能一家團圓，這個地方具備了多重功能。就某種意義而言，人類所有的活動，都能在住家裡完成。然而，住家中的工作部分，變得越來越巨大，漸漸發展為辦公室，變成一個「箱子」。而都市，正是從這裡開始形成。

　　原本住家應滿載著多重用途與目的，在經濟高度成長期之後，卻出現人口不斷地往都市集中的現象。從這個觀點去看，住家以不同的型態，被分解成不同功能的箱子。例如，工作用的箱子、睡覺用的箱子等，每一個箱子皆有其專屬功能。這些被分解成不同功能的箱子，極有效率地容納在越蓋越高的大箱子裡，而這正是 2019 年年底之前，日本都市的成功樣貌。

　　然而，從 2020 年開始，都市受到 COVID-19 的無情肆虐，在都市中的每一個箱子，逐漸具備多樣化的功能。我們可以預見，這些功能在網路化之後，箱子將慢慢呈現出「均一化」的樣貌與型態。

　　而均一化的居住空間，就是獨棟式或低樓層集合式住宅這類的房屋，在疫情中日趨增加。原本擅長在都市地區銷售獨棟式住宅的房屋公司，在疫情流行之後，實際銷售數字更是創下佳績。Open House 公司在 2020 年 5 月的仲介契約件數，與前一年同期比較，增加了 43%。KI-STAR 不動產在銷售房屋的契約金額，與前一年同期比較，也增加了 32%。

　　另外，根據 Open House 公司的調查顯示，新日常中人們對房屋需求的轉變，除了在東京市中心、車站地區的需求持續增加之外，獨棟式房屋的魅力也變得越來越高了。

特徵 2：

離線時間很重要

　　疫情下，日本社會的第 2 項特徵是：諸多事物雖然能透過網路完成，但相反地，人與人的真實接觸，其分量變得更重要。遠端工作已然成為主要工作模式，人際間的真實接觸限縮於日常有限範疇。人們開始追求並重新檢視人與人之間既存關係的重要性。

　　首先，我想談論的是，我們和家人居家相處的時間變長，因此有必要再次檢視，自己與家人、朋友，以及地區之間的關係。

　　根據東京瓦斯公司都市生活研究所的調查，疫情發生之後，「與家人的對話」、「料理」、「打掃」、「育兒」這些項目的頻率是否增加，結果所有年齡層中，回答「與家人的對話」增加的比例最高。

　　一家人居家相處的時間變長，也就代表著我們與同住家人的關係，占據了日常更重要的分量。

　　COVID-19 疫情發生之前，每個人為了善盡自己在社會上的角色，在家以外活動的時間較長，即使同住在一個屋簷下，與家人在同一個空間相處的時間也相當有限。此外，丈夫隻身遠赴外地工作而平日不在家的家庭，似乎也不在少數。

　　像這樣與家人之間保持適當的距離，從不同的觀點來解讀，也是許多美滿家庭的一種小訣竅。換句話說，倘若無法與家人維持完美的關係，即使有一些小問題，就某種程度上而言，暫時待在家裡以外的地方，也不失為一種逃避之道或安全網路。

不過，隨著疫情日趨嚴重，政府要求民眾自律，避免外出之後，一家大小必須長時間待在家裡，24 小時都伴隨在彼此身邊。由於無法確保能夠獨處、放鬆或跟朋友相聚的第 3 空間（The Third Space），在這樣的情況下，同住家人這個最小單位的群體感受到的幸福程度，也就攸關著每位家庭成員的人生幸福程度。

有一份問卷，是調查 COVID-19 疫情影響下夫妻選擇離婚的原因，值得大家思考。

疫情爆發後，實際走到離婚這一步的受訪者中，在疫情爆發前經常產生離婚念頭的人，只不過占了整體的 13%。另外，疫情爆發後才第一次出現離婚念頭的人最多，占了整體的 47%。

我們因為受到疫情的影響，在物理上的移動受到了限制，每天都會和家人面對面相處，形成密切接觸的情況，每位家人在我們心中的比重，也會隨之增高。我們因此很容易看見家人的不同面貌，可能是我們過去不曾看過的，或者根本就不想看到的另一面；這使我們得以重新思考關係。

一般而言，提到「COVID-19 離婚」這個詞彙，我們會想到原本感情不睦的夫妻，因為疫情成為壓垮駱駝的最後一根稻草，決定走上離婚一途。然而事實上，因疫情爆發讓彼此相處時間變得比過去更長，迫使再次思考夫妻關係，乃至於最後決定離婚，才是主因。

另外，受到疫情影響，越來越多人開始再次思考，自己與無同居家人、朋友間的距離。

比方說，沒有和家人同住，但在自律不外出的期間，我們和家人之間的對話反而變多。根據一項調查顯示，20 多歲與 50 多歲的女性當中，「經常和沒有住在一起的家人聯絡」的情況增加了。我們不難從這種情況了解，由於彼此見面受到限制，她們再次體認居住在遠方的家人有多麼重要。

另一方面，在我們的人際關係中，有學校的同學或公司同期的同事，以及因為興趣而在現實世界中成為朋友的人；同時也有只在網路世界的臉書社群軟體上按讚或留言的朋友。然而，這兩者關係的界線，逐漸產生了混淆不清的現象。

過去，兩者不同的地方在於，現實世界中有很多朋友，並不是因為彼此個性合得來而成為朋友，而是因為經常會在公司遇到對方、剛好在健身房上同一堂課，或因孩子們同校緣故，現實會遇到的同學家長（或者不得不見到對方），和網路世界有所區別。於是，相較於見不到面的朋友，我認為許多人在現實生活中，非常重視這些不得不見面的朋友之間的關係。

然而，因疫情影響，任誰在物理上都難以面對面接觸。對於我們不想見到面的人，只要隨便找個「不見面」的理由，就算他們曾是現實世界中經常碰面的朋友，關係也可能變得跟臉書朋友一樣越來越淡薄。因此，結論並不在於平常彼此是否需要見面，而是疫情讓我們有更多機會認真思考，到底誰才是對我們最重要的人，從這個角度再次檢視自己的人際關係。

由於待在家裡的時間變長，有越來越多人開始接觸過去不曾有交集的附近地區或鄰近社區，這也同時強化了一些交流關係。

包括與住在附近、不曾交談的人產生交流，或者只是單純因散步機會增加，加深了與附近店家或餐廳的關係，這樣的人應該不在少數。

我本身也會盡可能在家裡附近的餐廳購買外帶餐點，相信很多人在疫情嚴峻的情況下，也會想為家裡附近的店家加油打氣，付諸實際行動吧。

2020 年 6 月，日本內閣府（相當於我國的行政院）針對民眾實施一項調查，比起「意識到工作的重要性（21.9%）」，有更高的比例是

「意識到家人的重要性（49.9%）」以及「意識到與社會關係的重要性（39.3%）」。

關於這一點，前面介紹過的隈研吾訪談中，他同樣提出了許多有益的見解：

（持續過著避免外出的自律生活）連我都覺得身體不舒服了，於是開始試著外出散步，頓時感到清神氣爽、通體舒暢。散步的時候，能夠誘發靈感。一旦想到好點子，我會立刻聯絡工作夥伴，告訴他們「這裡就這樣做吧」或「那裡的形狀就設計成這樣吧」。散步的過程中，彷彿在都市裡工作一樣，我的靈感源源不絕。走著走著，甚至發現「原來有這樣的公園啊」或「竟然也有這樣的街道」……這才察覺，我過去只往返於職場與家裡，生活是多麼地單調貧乏啊。

此外，利用有限時間前往休閒場所的調查項目中，民眾偏好鄰近觀光地區或遊樂場所，而且前往的意願也較高。Airbnb 的情況同樣如此，從實際數據可看出，大家對於距離家裡較近的旅宿有較多的需求。具體而言，越來越多人預約旅宿時，會選擇距離家裡方圓 80 公里以內，開車大約 1.5 小時的旅宿地點。

特徵 3：

「親手做」的價值提高

所有事物皆網路化，真實關係可以被網路取代的情況之中，人們衡量價值標準或消費行動傾向再次思考「如何追求真實關係的價值」。因此，我將簡述從品牌消費到 DIY 消費的轉變，換言之，透過自己雙手實做的價值，將重新獲得大家的肯定。

談論主題之前，先介紹炫耀性消費（Conspicuous Consumption）這個詞彙。這是由經濟學家范伯倫（Thorstein Veblen）提出的概念，指的是富裕階層購買昂貴高級物品的目的，與其說是貪圖實質上的方便好處，更接近為一種向他人「炫耀」的行為。

購買名牌包包、手錶或高級跑車時，除了受到品質吸引以外，還會想分享給朋友或認識的人看，或是拿去熟識的店面向大家展示，這種行為或多或少都帶著一點驕傲自滿的心態吧。

隨著近年來社群網站的發達，人們的炫耀性消費傾向，變得一發不可收拾。

大家透過社群網站，進行虛擬交流，其範圍越來越廣。在無法真實接觸對方的虛擬世界中，人們藉由照片、影片而連結彼此，就像經營 YouTube 或 IG 的網路名人一樣，打造出個人品牌，隨著追蹤人數增加，既可賺取龐大的利潤，又能開創出全新的領域。像這樣，以人們為「炫耀」對象，儘管一開始以「物品」為中心；但不久後，為了與眾不同而做出區隔，重視感受過程的「體驗型」消費，也逐漸受到了重視。

也就是說，把好不容易預約到的熱門餐廳，或在度假聖地享受假期的體驗，拍成照片或影片，上傳成「IG美照」供大家欣賞，在自我表現之中，這是非常重要的過程。

然而，疫情中人們移動與集會的自由受到限制，許多重視「體驗」的消費行為，自然大受影響。即使想去餐廳用餐、來一趟旅行，也會因為政府要求民眾自律而受到限制。況且，根據不同情況，如果在社群網站上發布這些消費體驗，反而會引來其他人的不悅，甚至成為眾人圍剿的目標。要是改成購買「物品」向他人炫耀，效果也非常有限。就算買了名牌貨，能使用的地方，也僅限於自己家裡而已。

人們在疫情下形同被關在家中，移動的自由受到限制，於是逐漸累積壓力。在政府要求民眾的自律情況下，許多人的行為，從原先靠物品或體驗向他人炫耀的消費行為，轉變成滿足自我的消費行為。因此，不少人在家開始動手做，由於不是買來的現成商品，所以在過程中，獲得了自我肯定的滿足感覺。

疫情期間迷上做點心或麵包，或是在陽臺上種植家庭菜園，越來越多人開始嘗試親自動手做些什麼。

根據《日經新聞》報導，居家修繕工具與材料販賣的大型連鎖店島忠，雖然2020年5月的營業時間減少了3成，但在5月1日至24日的營業期間，電動工具的銷售額卻比前一年同期成長4成，DIY的木板材料成長8成，家庭菜園用的幼苗則成長了2成。

親自動手製作物品之所以成為一股風潮，還有另一項重要的根本原因。

極端來說，正是因為在疫情中，人們必須自我約束待在家裡，所以多出很多空閒時間。

關於此點，我想從哲學家國分功一郎先生的著作《閒暇與無聊》（暇と退屈の倫理学）中，引用其中一段內容：

有關法國哲學家巴斯卡（Blaise Pascal）研究無聊與排遣的思想，其出發點如下：

提到人類的不幸，無論是哪一個人，倘若無法靜下心來待在房間，就會產生不幸。明明只要安靜下來就好了，卻沒辦法做到。這都是自己刻意招來的不幸。

（中略）

巴斯卡曾說，愚昧的人類無法忍受無聊，其實只要找事排遣無聊就好，但卻一廂情願以為自己追求的事物之中，存在著真正的幸福。

這是怎麼一回事？我們以巴斯卡舉出的狩獵例子來了解吧。

（中略）

要是你的身旁有一個準備去獵捕兔子的人，請你試著這樣做，並跟對方說：「你要去獵兔嗎？如果是的話，那我直接給你好了。」說完後，請立刻把手上的兔子交到對方手上。

那麼，接下來會發生什麼事呢？

這位想去獵捕兔子的人肯定一臉嫌棄。

明明是準備獵捕兔子的人，為什麼拿到一心想捕獲的獵物，會出現嫌惡的表情呢？

答案很簡單。因為準備去獵捕兔子的人，並不是真的想要得到兔子。

（中略）

獵兔者想要的，「是從不幸的狀態中，轉移自己的注意力，這是為了暫時忘掉煩惱的一種喧鬧方式」，別無其他。儘管如此，提到人類，他們卻一廂情願以為獵物到手，是一種真正的幸福。自以為獵捕到不想

要的兔子，可以從這件事情之中獲得真正的幸福，並非經由購買或獲贈的方式。

關於打發無聊的行為，是否能獲得幸福這件事，我並不打算在這裡論述。

只不過，在 COVID-19 肆虐下的新日常社會，不管工作或休閒娛樂，都以「自宅加上網路」為重心。因此，可以肯定的是，我們在家打發無聊的時間確實變多了。

像這樣把多出來的時間，用來分配給生產、製作物品等活動，親自動手做點心、麵包，或 DIY 製作小東西、傢俱，一來可打發空閒時間，二來可產生自我肯定的成就感。甚至，這些個人製作的成品，還可以當作副業或兼職工作，創造新的收入來源呢。我們可以預見，今後將有越來越多人加入 DIY 的行列，形成一股潮流。

雖然我在後面章節會再詳述，但我想先提出一點想法：這種行為的轉變，將更進一步促進龐大經濟系統的轉變；也就是人們對大量生產、大量消費的系統產生質疑，甚至有可能脫離這種系統。

下一章起，我會根據前 3 章的分析，具體思考在後疫情的新日常之中，我們生活與工作的型態，將會出現什麼樣的轉變。

第 4 章

工作與學習型態
的變化

截至上一章為止，我提出了在 COVID-19 疫情發生前與發生後，
社會的轉變及其變化的方向。
接下來，我將探討在變化多端的未來之中，
我們生活與工作的型態，會出現哪些不同的樣貌。
首先，請大家一同思考，
我們工作與學習的型態，
以及休閒娛樂的方式，將會產生什麼樣的轉變。

從武藏小杉搬遷至練馬

加奈子的新日常

一日作息時間表

時間	行程
06:00	06:00 起床
	06:30 早餐、咖啡時光
07:00	07:00 做家事
08:00	
09:00	09:00 開始工作
10:00	
11:00	
12:00	12:00 中餐
13:00	
14:00	
15:00	15:00 線上會議
16:00	
17:00	
	17:30 工作結束
18:00	17:45 Uber Eats 點餐
	18:30 晚餐
19:00	
	19:30 MBA 線上課程
20:00	
21:00	
	21:30 睡前小酌
22:00	

清晨 6 點，加奈子醒來，伸手拉開窗簾。

雨勢從昨晚開始變得極為猛烈。氣象預報，颱風將在今天登陸關東地區。昨晚，女兒的小學寄來電子郵件，通知今天改為網路線上課程。由於加奈子與丈夫早已向公司提出每週五居家辦公的申請，因此不必擔心通勤的問題。況且，遇到這種惡劣天候，隨時都可以向公司提出居家工作的要求，這是本來就制定好的規定。加奈子喚醒身旁的丈夫，接著開始準備早餐。

6 點半左右，一家 3 口一起吃早餐。結束之後，丈夫接著收拾清理與沖煮咖啡，這是他每天的例行性工作。加奈子細細品嚐美味的咖啡過後，開始洗衣服與做其他家事。

2 年前，夫妻倆租了一間獨棟式中古屋，一家 3 口搬到練馬區居住。

本來居住的武藏小杉公寓大樓，以每個月 17 萬日圓的房租租出去，夫妻倆再用這些錢，租下這間獨棟式的中古屋。距離最近的光之丘車站，走路僅需 10 分鐘，搭乘大江戶線的一班電車，約 30 分鐘即可直達公司所在地的新宿站。從家裡出門到公司，並不會花費太多時間。儘管比住在武藏小杉時的距離稍遠，但一週只需到公司出勤 2 天，因此加奈子不太在意距離的問題。再加上其他公司同樣也會限制員工到公司的出勤天數，大幅減緩了電車內的擁擠人潮，對加奈來說實在是件好事。

夫妻倆租下這間中古屋的屋齡雖然有 20 年了，但面積約 30 坪，格局為 4 房 2 廳，幾年前重新整修得美侖美奐，住起來相當舒適。客廳與餐廳相連的起居生活空間，是家人齊聚一堂的場域，此外 4 個房間分別為：加奈子與丈夫的寢室、女兒的寢室、丈夫的工作室，以及加奈子的工作室。

其實他們本來想租一間 3 房 2 廳的房屋，但剛好發現了這間千載難

逢的好物件，而且丈夫或加奈子的父母不時會來家裡過夜，多出來的房間剛好就能派上用場。以結果而言，大幅減輕居家辦公的壓力。

女兒在 8 點半回到房間開始遠端課程，加奈子也利用這段時間待在自己的工作室。雖然這間和室房間的地板是榻榻米，但加奈子鋪設了一張地毯，上面擺放電腦桌與工作椅。由於和室有壁龕，剛好能以當季的花卉來裝飾，每當工作告一段落，加奈子的目光落在美麗花朵上時，心靈彷彿也受到洗滌。

加奈子順利完成上午的工作後，女兒剛好午休從房間出來。加奈子很快地把飯炒好，和女兒享用午餐。而丈夫的會議似乎還要拖很久，因此加奈子先把丈夫的午餐用保鮮膜包好，隨即回到工作室繼續工作。

下午的線上會議中，客戶同意加奈子提出的企劃內容，雙方順利達成了協議。接著，加奈子製作了這份企劃書的簽呈，並且傳送給部長，以取得核准的電子簽章。3 年前的疫情時期，前公司終於導入了這項電子簽核系統。透過這套系統，包括加奈子在內的所有員工，在工作效率上皆有顯著的提升。

下午 5 點半，加奈子結束工作，打開手機訂晚餐。

在家的時間變多之後，加奈子幾乎天天親自下廚，最多只在週五晚上點外送餐點而已。

目前，加奈子為了提升工作能力，參加大學針對社會人士開辦的在職碩士班。她預計透過遠端課程取得 MBA 學位，每週五晚上固定上課 2 小時。加奈子的丈夫也從事副業工作，每週五會定期與一間製藥公司開會。透過 Uber Eats 線上訂餐的泰國料理，是一家 3 口最愛吃的美食饗宴。享用完晚餐之後，加奈子緊接著參加線上課程。

待課程結束、女兒就寢後，就是夫妻倆的獨處時光了。兩人慢慢地把罐裝啤酒喝完，度過珍貴的週末夜晚，一起享受人生的充實感覺。

兩個人最近的話題，始終圍繞著目前居住練馬區的這棟房屋。再過3個月，武藏小杉的公寓是否該繼續租出去，並且續租這棟空間寬闊的獨棟式房屋呢？無論如何，即使把武藏小杉的公寓賣掉，那些金額同樣足以買下某個地區的中古房屋，也算是不錯的計畫吧。於是，夫妻倆就這樣平靜地度過了夜晚。

工作與學習的變化 1：

藉科技促進網路化發展

　　想要了解我們的生活型態如何改變，必須先了解疫情如何改變了我們的工作型態，這一點相當重要。

　　目前，我擔任日本優良設計獎（Good Design Award）的評審委員。所有的評審委員有各自的專業領域，包括汽車、文具等，以不同類別區分出不同單元。審查的形式，就是每一位評審針對自己所屬單元的參加品項，進行主要的審查工作。

　　其中，數名評審委員除了負責自己審查的單元以外，還會組成一個特別小組，將優良設計獎全部單元的參加作品，以一項主題為基準，進行俯瞰性、全面性的檢視，解讀並描述作品的設計精神，找出其聚焦設計與社會課題之間的重要關係。因此，這數名評審委員同時兼任聚焦設計與社會課題總監（Focused Issues Directors）的職務。

　　2018 年的主題是「改變工作的方式」，我接下聚焦設計與社會課題總監的職務。當時，我不停思考工作方式的變化方向，如今疫情更讓它變得十分鮮明，發展的速度更是快馬加鞭。

　　順帶一提，2018 年是日本政府制定《工作方式改革相關法案法》（働き方改革関連法）的一年，工作方式在未來會有什麼變化，因此成為日本的熱門話題。

　　同時，我從該年度的優良設計獎中，注意到自工作方式觀察出兩大方向：第 1 是科技實現工作方式的多元化；第 2 是人與企業連結「幅度」

與「強度」的多元化。

討論「藉科技實現工作方式的多元化」，我們需將學習方式的領域一併納入思考。疫情前，各式各樣運用在我們工作與學習上的科技，早已發展得相當完備，但當時普及的速度，絕對無法稱之為快速。

根據日本令和元年版（2019 年 5 月）的《資訊通訊白皮書》顯示，實施居家辦公、行動辦公、衛星辦公等遠端工作的企業，在 2018 年為 19.1%。相比 2012 年的 11.5% 多出幾個百分點，但增加率並不算高。

不過，COVID-19 卻一口氣加快企業在職場上運用網路科技的速度。包括從前必須到公司上班、跟同事或顧客面對面才能順利進行的工作，基本上現在（甚至連審核蓋章）都能在網路線上完成。因此，企業員工具遠端工作經驗的比例，也不斷快速地增加。

各大企業為了防止 COVID-19 感染擴大，是否實施居家辦公等遠端工作的應變措施，根據調查，在所有受訪者之中，公司曾經要求或建議員工在特定期間，「完全採取遠端工作模式」的人占 24.5%；「雖然採取遠端工作模式，但還是會去公司上班」的人占 45.8%；採取遠端工作的合計比例達到 70.3%。另外，關於受訪者任職企業規模的類別統計，有高達 83.0% 的大型企業實施遠端工作模式。而即便是一般認為很難導入遠端工作的中小企業，合計也有 59.3% 實施遠端工作模式。

學生的學習情況同樣如此。儘管疫情結束之後，學校教育——特別是義務教育課程這種需要師生面對面的形式，將再度成為主要的上課方式，但正如同加奈子的例子，遇到了氣象預報颱風登陸，或者學校發生流行性感冒的狀況，校方將事先通知學生改為線上課程。這種應變措施，一般預測今後也會成為一種主流。針對社會人士的進修課程或研討會等，除了現場實體課程以外，另外提供網路線上課程的選擇，必然也會成為一種常態。

如果仔細觀察就會發現，從過去的常規、制度，或初期投資必要性的角度去看，當時努力推動遠端工作以及線上課程，遇上了停滯不前且尚待突破的屏障。然而，在 COVID-19 影響下，那道屏障終於被突破了，網路遠端的運用自此開始普及日本社會。

　　因此，在不久的將來，特別是擔任事務工作的人，平時多半能透過網路遠端來完成。過去，一般人認為如果沒有面對面、就很難進行的職業或行業，預測今後也會朝向遠端化發展。

　　Sompo Japan 保險公司在疫情中，讓客服中心的員工在家遠端工作，也達到了一定的執行成效。此外，原本必須親自到醫院或診所回診的慢性病患者，或者身體輕微不適的病患，想必醫療機構也會有所因應調整，提供線上看診的服務。

　　當然，面對面的工作也不可能全部消失。在急救醫療或物流運輸等民生服務行業，這類工作今後還是會以現場為主吧。高級時尚品牌或珠寶飾品等行業，服務人員在店面接待顧客具有體驗的價值，仍被視為是重要的一環，因此這種面對面的待客需求，依然會繼續保留下來。

　　無論線上會議如何地普及，一旦出現極為重要的交涉談判或決策時，還是會沿用面對面的對談方式吧。以下的比喻或許有些突兀：在明治維新（1868 年）之前，假設當時已具備線上會議的技術，但是勝海舟與西鄉隆盛為了無血開城──在不開戰的情況下，江戶幕府把政權和平移交給新政府──的重要談判，仍舊必須面對面才能順利進行吧。

　　不過，人類的工作或多或少都會因為網路化的關係，逐漸被人工智慧 AI 取代。因此，未來某一天，在網路離線的情況下，人與人真實面對面接觸的行為，或許會更具某種地位與價值也說不定。

　　這種工作型態的變化，將影響辦公室的使用規則。一旦大部分的工作都網路化之後，人們去公司上班的頻率也就減少，甚至會有越來越多

人根本就不需要去公司上班。

　　如果這一天到來，企業在東京鬧區的黃金地段，拚命建造能塞滿員工的辦公大樓，其實也不具任何意義。倒不如投資遠端工作的設備系統，或員工居家的遠端工作環境。例如，打造更理想的工作制度，即使員工家中有年幼子女或需要照護的家人，也能在無後顧之憂的情況下安心工作。今後，重視提升員工就業滿意度的企業，肯定會脫穎而出吧。

　　此外，這種工作型態的變化，不僅對人們每一天的移動或通勤產生影響，而且對於需要長距離移動出差，或是因為調任而獨自遠赴外地工作的人，同樣也造成相當大的影響。

　　過去的工作，基本上都需要面對面接觸才能進行。就像客戶或商談地點在偏鄉地區，仍然得前往對方的公司，彼此會面的情況下，才能進行商談活動。然而，在新日常的社會中，除非彼此是初次見面或重要合約簽訂，否則一般與位在遠方的企業開會時，皆可透過網路線上會議來完成。這項做法除了能縮減赴任遠方工作的人員編制，同時還能減少企業成本，相信將成為企業未來的主流。

　　事實上，有一些企業已經開始實施。

　　例如，日立公司宣布，即使在疫情過後，基本上依然維持每週 2 至 3 日的遠端工作模式。富士通也推動居家辦公，並宣布日本國內辦公室的面積規模，將縮減為目前的一半。另外，糖果餅乾大廠卡樂比公司也決定導入新的工作方式，所有辦公室的員工，基本上以居家辦公與遠端工作為原則；而原先隻身遠赴外地工作的員工，只要公司同意，不會造成工作上的困擾，則毋須調任外地，可以回來工作並與家人同住。麒麟控股集團也宣布，2020 年 5 月起，員工到辦公室工作的人數以 3 成為上限，這項規定沒有訂出期限；只要不會造成工作問題，基本上皆以居家辦公為主，此外也訂出了開會與商談採線上會議為主的方針。而微軟

日本公司也同樣宣布，同意員工持續維持遠端工作，儘管公司將不再有辦公室，但如有必要，將另行通知員工到指定的場所辦公。

　　隨著遠端工作的發展，就業工作規則也必須通盤檢討，因此等到真正普及化，仍需要一定的時間吧。儘管如此，在不久後的將來，站在留住優秀人才的觀點來看，相信多數企業將會順應潮流，使遠端工作成為一般的工作方式。

工作與學習的變化 2：

從「勞動工時」轉為「工作產能」的考核方式

　　企業將員工移動的必要性降到最低，進而產生的一大變化，就是人與企業連結「幅度」與「強度」的多元化。為了讓大家理解這一點，首先我想請大家一起思考：在日本社會中，「工作」這項概念，從過去到現在的變遷過程。

　　經濟高度成長期以後，一般認為日本人的工作模式，皆以按照年資升遷與加薪，以及終身僱用制度這套體系作為基本前提。我不怕招來誤解，所以想這麼說：這種工作方式的系統，就是工作者對企業承諾而立下誓言，以換取企業給予工作者終身僱用，使其能夠安心變老的約定。

　　那麼，企業又是如何評鑑員工對公司的承諾呢？我認為多數企業的判斷，取決於員工對空間與時間的依附程度；也就是員工可以待在辦公室的時間長短（能夠加多少班、拿多少自己的時間奉獻給公司），或就算颳颱風、下大雪的日子，仍然可以趕在上班時間前抵達辦公室。甚至不錯過職場舉辦的任何一場活動，很多企業都非常重視這一點，並視其為評價員工的重要基準。於是，員工的忠實度，反而比工作技巧或績效，還具有更重要的意義。

　　另一方面，所謂的工作，就是待在公司的辦公室與其他同事一起工作。本來應該明確區分出「工作的時間與場所」與「生活的時間與場所」，但就某種意義而言，COVID-19 強制摧毀了以此為前提的工作模式。

這樣的結果，導致在物理上同處一間辦公室的管理職人員，他們原本的工作是負責悄悄監視員工，以確保所有人對公司的向心力；然而這些企業與管理職人員，在疫情爆發後，卻面臨了突如其來的危機。

疫情期間，有一些連雞毛蒜皮小事都要管的企業，上班時間為了隨時掌握員工居家辦公的一舉一動，會要求員工使用網路會議模式，讓攝影機保持開啟狀態。甚至有企業安裝偵測系統，假如員工的電腦在一定期間沒有動靜，就會立刻通知員工的上司。

然而，以遠端工作為前提的工作型態，如果把員工對公司組織的貢獻度，用勞動時間來衡量，恐怕就失去了遠端工作的意義吧。

今後，企業評價員工的重點，不再是員工奉獻多少時間給公司，而是掌握員工在工作上有什麼樣的工作產能。這樣的考核模式，將成為時代的潮流。

我認為，日本有必要改變工作時間或加班等就業規則的相關法令。但除此之外，企業若能制定出一套確實評鑑員工的系統與人事制度，即使員工需要照顧孩子或父母，也能有效率地工作，在一定的期限，完成一定的工作產出。如此一來，就能創造出讓更多人容易就業的環境了。

一旦擺脫了固定工作場所的限制，就可以因應當下的狀況，轉換工作場所。這麼做除了能提升工作的意願，還能利用多餘的時間，並將它發揮到極致。比方說，星期五到度假勝地工作，結束後就直接休假度過週末——也就是休假之前進行遠端工作的 Workation*。在夏季期間，選擇在避暑山莊度假與工作，就如同住在第 2 個家一樣，這樣的生活型態，未來一定也能實現吧。不久以後，企業實施任何地方皆可工作—— Work from Anywhere 的工作型態，並以此作為宣傳口號，吸引

---

* 註：日式英文，由 Work + Vacation 組成的字彙。

更多優秀人才，相信這樣的時代很快就會到來。

接下來，我們一同思考從這種情形產生的變化。也就是企業與僱用者關係中的「幅度」變化。

過去，一般上班族向公司提出從事副業的申請，儘管公司在制度上表示同意，但無論是本業或副業的公司，皆會要求員工必須在辦公室工作，以及參加面對面的實體會議；因此，若要兩邊兼顧，難度實在是非常高。

然而，如果評價員工的重點，從「勞動時間」轉向「工作產能」，一旦不再需要花時間通勤，員工除了能在短時間內產出公司要求的工作，還會有多出來的空閒時間。另外，因為所有的工作皆改為網路進行，副業也能開始透過網路運作，逐漸成為一般常態。倘若如此，企業放寬員工在空間、時間上的限制，就可以像加奈子的丈夫一樣，善用自身的技術與經驗，在本業工作時間之餘，輕易從事副業工作。

另外，有些企業也正在推動，以約聘的方式，靈活運用外部優秀人才。例如，雅虎日本公司以自家員工為對象，從 2020 年 10 月起，開始實施無任何限制的遠端工作制度；同時展開另一項計畫，決定任用其他公司的人才，以「副業」的形式，聘請 100 名人員，作為第一階段事業計畫的顧問。

如此一來，就業者與企業，雙方就能增廣就業選項的「幅度」。一旦彼此形成流動的關係，就無關正職員工、約聘員工、業務外包等身分。過去，企業只重視員工對公司展現堅定不移的忠誠度，這種概念也將不復存在。此刻，企業不應執著對公司做出高度承諾的內部員工，而應該把視野擴及如何與外部人才創造多元的關係，設計出不同的僱用方式，以滿足企業與就業者的需求。

在這樣的情況下，企業為了維持員工在工作上的意欲，只以終身僱用或保障職位來吸引員工是不夠的。而且更重要的是，在一間企業工作，員工該怎麼做，才能夠自我實現？說得更淺白一點，就是員工能從中獲得什麼人生意義？

對我們大多數人來說，工作最主要的目的，就是賺取生活費，以求三餐溫飽。

但除此以外，同時還有人希望，能夠透過工作達到自我實現，以追求並滿足更高層次的欲望。

透過工作，員工如何與企業創造關係？這種創造關係的方式，為何能促成員工自我實現？在未來都市的時代中，企業應根據明確且具有說服力的觀點，提出充滿魅力並能打動人心的故事，讓員工能朝向目標邁進。

因此，在會說故事的企業中，優秀員工將齊聚一堂，超越「因為自己屬於公司組織，所以必須為了公司努力工作」的刻板印象。我相信這樣的時代，今後必定會降臨吧。

工作與學習的變化 3：

公私分明是重要關鍵

疫情中的另一項變化，就是公私分明的重要性大增。在 COVID-19 爆發以前，我們不曾料到所有的工作，都必須在自己的家裡進行。就連對遠端工作習以為常的自由接案工作者，也不一定會整天待在家裡，因為他們經常會利用共同工作空間、咖啡店等第 3 空間進行工作。

然而，疫情期間工作必須在生活中最基本的單位——家裡進行。在空間有限的住家之中，我們該如何區分工作與私人的時間、空間，成為一項重要課題。

接下來思考，家裡只有一個生活起居空間的居家辦公情況。

在家裡居家辦公的場所

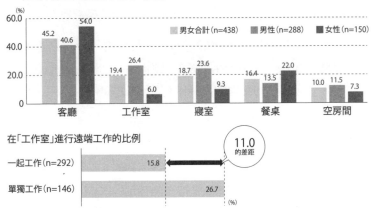

如果生活起居空間只有 1 張餐桌，沒有其他多餘桌子，到了上班時間，起床後原本用來吃早餐的餐桌，就必須充當辦公桌。

工作結束，這張桌子再度作為私人使用，變回放鬆心情時所使用的餐桌。然而，有很多人適應不了這種變化，根本無法輕鬆自在。

特別是有幼兒的家庭或雙薪家庭，夫妻都需要在家工作的情況下，想要明確區分工作與私人的時間與空間，就變得更加困難。

於是，這種生活方式持續的結果，就是無論工作或私事都不免有顧此失彼，無法兩者兼顧的感覺。

根據大和房屋工業的調查，在自己家裡進行遠端工作的場所，占整體最多的是生活起居空間「客廳」（45.2%），接著依序為「工作室」（19.4%）、「寢室」（18.7%）、餐廳的「餐桌」（16.4%）（請參照 87 頁的統計圖）。回答「工作室」的男性比例是 26.4%；女性只有 6.0%。另外，單薪家庭中，有 26.7% 的人在工作室進行遠端工作；雙薪家庭則是 15.8%，顯示出有工作室的雙薪家庭，比單薪家庭還少了 11%。

進一步調查，受訪者對於自身的居家辦公，有高達 63.9% 的人「感到壓力」；而對於配偶居家辦公，也有 57.9% 的人備感壓力。

此外，有一項值得思考的數據，那就是配偶對另一半在家裡進行遠端工作的反應。配偶對於另一半的遠端工作，回答感到壓力的比例高達 57.8%；而孩子回答感到壓力的比例則達到 48.8%。

另一方面，對於居家辦公帶來的變化，許多人回答「夫妻、家人之間的相處時間增加了」（54.0%）、「夫妻、家人之間的對話時間增加了」（39.7%）、「與孩子的對話變多了」（47.1%）、「能夠陪伴孩子成長」（43.2%）、「與孩子的關係變得更親密」（33.4%）。由此可知，在家相處的時間變長，家人彼此間的感情也變得更緊密了。

透過這份調查資料就能了解，在居家辦公中，如何管理自己或與家人之間的壓力相當重要。為了明確區分居家工作與私人時間、空間，應確實保留所需要的場所。因此，確實規劃空間的功能與使用規則，就成為一大重點。

　　然而必須注意的是，即使規劃空間的功能與使用規則，也無法保證時間方面也能如此。

　　過去，我們到公司上班，利用電梯（偶爾是樓梯）上上下下，來回穿梭會議室的移動時間，占去了我們全部工作時間的一定比重。甚至在炎熱酷暑、寒冷冬天，或者惡劣天候時，還必須從公司出發前往客戶的公司洽公，如此痛苦的經驗，想必每一個上班族都曾經體驗過吧。

　　然而，只要改變觀點看待這種移動所需的時間，就會明白它在工作忙碌的空檔之中，具有重新調整心情的作用，能夠發揮出一定的價值。因此，我認為並不單純只是浪費時間。

　　相對地，居家辦公時所有的會議皆透過網路進行。在線上會議切換的過程中，操作者也不需要移動到其他場所，僅靠一部電腦就能完成，幾乎不用花費任何時間。

　　乍看之下，線上會議似乎能夠提高工作效率。但是，僅靠滑鼠點一下連結，就能立刻切換到不同的會議室，與不同的人進行不同主題的會議。休息不到片刻，就接著一場又一場的討論，如此馬不停蹄的工作模式，反而是一種精神上的疲勞轟炸吧。

　　事實上，根據鐘錶大廠 SEIKO 的調查，目前在家進行遠端工作的237 人當中，有 73.0% 的人回答「被時間追著跑」，比起沒有遠端工作的人回答的 62.7%，還要高出 10 個百分點。

　　仔細思考後就能明白，當我們在居家辦公時，如果明確區分空間與時間，就能維持肉體與精神上的健康，也是持續工作的重要關鍵。為此，

在有限的居家空間中，保留可以切換場所的「餘地」，才能夠保有「遊刃有餘的空間」，這是相當重要的觀念。因此，居家辦公時我們應重視空間在物理上的寬敞程度，並且妥善規劃格局。

以一對夫妻的小家庭生活為例，大多數人或許會認為，兩人適合的房屋格局為1房1廳，或只需要一大間生活起居空間；如果有孩子，2房1廳的空間也相當足夠。然而，在疫情的衝擊下，有越來越多的人認為，若想要明確區分工作與私人的時間、空間，則更需要足夠的物理空間。

根據提供住宅媒合服務的平臺 SUVACO 公司實施的調查，在 COVID-19 的影響下，受訪者檢視自己家裡的環境空間，在優點項目中最多人選擇的第一名是「住起來舒適的生活空間與能夠釋放壓力的環境」（48%）；而在缺點項目中最多人選擇的第一名則是「缺乏適合居家辦公的書房空間」（40%）。

關於如何妥善規劃住宅的空間，我將留待後面章節詳述，不過有一點想先提出來，那就是無論公事或私事，居家進行並非一無可取。

一旦省去往返住家與公司的時間，也就能保有更多私人的時間。如果需要照顧小孩或年紀大的長輩，對於居家工作的人來說，則是非常有利的工作方式。

以積極正向的態度，思考如何在公與私之間取得平衡，正是重要的關鍵。

第 5 章

休閒娛樂的型態
有何變化？

探討完工作與學習型態的變化，
接下來要思考的是，我們平日休閒娛樂的變化。
本章一開始，同樣也請大家閱讀加奈子的生活故事。

加奈子的新日常

從武藏小杉搬遷至練馬

一日作息時間表

時間	活動
06:00	
07:00	07:00 起床
	07:30 早餐、咖啡時光
08:00	
09:00	09:00 開始工作
10:00	10:00 線上會議
11:00	
12:00	12:00 中餐
13:00	13:00 到庭院工作
14:00	
15:00	
16:00	
17:00	
	17:30 工作結束
18:00	
	18:30 晚餐（朋友的餐廳）
19:00	
20:00	
21:00	
22:00	

在整棟出租的度假小屋庭院，加奈子跟家人一起享受早餐，心想：「果然還是輕井澤涼快！」

夏日 8 月的最後一個週末，加奈子和丈夫、女兒以及公婆一起住在包棟的度假小屋。雖說是週末，他們卻不是在星期六入住，也非星期日晚間退租返家。

加奈子與丈夫向公司提出星期五到輕井澤邊工作邊度假——Workation 的申請。星期四工作結束後，她與家人共乘一車，於晚間抵達目的地。從練馬區出發到輕井澤，走關越汽車專用道路與上越汽車專用道路，大約 2 小時即可抵達，這段距離比想像中還要近。

一夜過後，星期五的工作就在輕井澤的包棟小屋完成，傍晚起到星期六，加奈子打算與家人好好在輕井澤享受週末假期。而且，選在星期日早上離開輕井澤，就不用擔心塞車的問題了。同行的公婆可以順便照顧女兒，夫妻倆也可以專心工作。

這間小屋麻雀雖小，五臟俱全，是一間 2 房 2 廳格局，住起來舒適宜人的小木屋。戶外有寬廣的木頭棧板，可擺放供家人圍坐的桌椅。

加奈子夫妻與女兒，再加上丈夫的父母親，5 人 1 晚的住宿費用約 3 萬日圓，入住 3 晚的費用約 9 萬日圓。換算平均每人每日的費用後，可說是相當划算。

一大早，公婆就帶著女兒飛快地往輕井澤的方向前進，大概是去大型購物中心購物吧。加奈子託公婆順便買午餐的食材回來，所以應該會在煮飯時間前回來吧。

小木屋附有高速無線上網的網路環境，遠端工作時順暢無阻。加奈子參加線上會議時，視窗畫面中出現遼闊的自然景觀，同事各個看了羨慕不已。儘管她謙虛表示附近什麼也沒有，卻藏不住臉上浮現的喜悅笑容。

中午前，公婆帶著女兒回到小木屋。他們買了輕井澤廣受好評的麵包、果醬與火腿，以及當地新鮮的蔬菜。用餐時間大家坐在小木屋前的庭院，一起享用午餐。儘管只是簡單的一餐，卻有著大啖豐盛美食的心情。

中午過後，夫妻倆就直接在庭院開始工作。這裡的氣溫大約比東京低 7 至 8 度，完全沒有炎熱夏天的感覺，非常涼爽舒服，一陣陣微風拂過身旁，非常地愜意自在。

到了傍晚，天色逐漸昏暗，加奈子與丈夫終於完成了一天的工作。

他們前往朋友推薦的一間餐廳，準備與大家一起享受晚餐。隔日中午，打算去已在輕井澤定居的朋友家玩。夫妻倆買了食材與香醇美味的信州葡萄酒，和朋友花了一些時間做精緻料理，大家都相當開心，也吃得津津有味。

自從一家人搬到練馬區居住之後，加奈子意外發現，原來輕井澤竟然那麼近，儘管 1 年會去輕井澤度假 2 次，不過每次去都有新發現，所以她越來越喜歡這個地方了。

加奈子望著天空美麗的夕陽，沉浸在喜悅的心情之中，她突然有一種預感，明天開始又將是愉快的一天。

休閒娛樂的變化 1：

在鄰近地區追求「真實體驗」

前面章節曾提及，COVID-19 開始以後，我們透過網路的各項服務，滿足休閒娛樂以度過閒暇時光的比重越來越高。

除了 Netflix 或 Spotify 這一類線上串流影音網路平臺提供大眾娛樂以外，另外還有現場舉行的活動或演唱會，這些本來以實體型態為主的娛樂活動，目前也開始嘗試以網路線上直播的方式提供服務。在 COVID-19 的影響下，大眾花費在網路上的休閒娛樂時間，有不斷增高的趨勢。

但另一方面，網路線上以外的娛樂方式，這類屬於真實體驗的價值，今後反而會更高吧。事實上，在疫情爆發以前，真實體驗的價值原本就很高了。最典型的例子，就是進入球場觀看職業棒球的比賽。

我想應該有不少年紀稍長的人還記得，在 1980 到 1990 年的職業棒球賽，巨人隊和阪神虎隊的場次總是座無虛席，但除了這 2 支球隊，其他如中央聯盟——特別是太平洋聯盟——舉辦的球賽，觀眾席上卻經常空空蕩蕩。

後來在各個球團的努力下，進場觀看職業棒球賽的觀眾大幅增加。例如，橫濱 DeNA 灣星隊在 2005 年的進場觀眾總人數為 97.6 萬人，但在 2018 年卻倍增到 200 萬人。同樣地，廣島東洋鯉魚隊在 2003 年為 94.6 萬人，在 2018 年增加到 223.2 萬人。

我從小就住在橫濱，以前比較容易買到的灣星隊球賽入場券，現在已經變成一票難求的白金入場券了。

然而，只要調查參加棒球的運動人口與職業棒球的收視率，就能明白數字其實不樂觀，甚至可說是陷入了苦戰之中。

　　例如，日本全國中學生在軟式棒球的運動人口，從 2006 年的 30 萬人左右開始急遽減少，到了 2016 年僅剩 18 萬人。另外，相較於 1983 年巨人隊球賽的年度平均收視率 27.1%，2020 年掉則到了 5.6%。但仔細分析情況卻能了解，並非棒球這項運動受歡迎的程度不如從前，而是進入球場觀賽的體驗價值非常高，所以大多數的人會選擇親臨現場。

　　由於疫情中人們的行動範圍受到限制，許多人會希望在住家鄰近的區域，探尋是否能獲得這一種真實的體驗。關於這一點，我最先想提出的，就是在自家鄰近地區，來一趟重拾樂趣的新旅行型態。

　　舉例來說，提供度假服務的星野集團（Hoshino Resorts），在 COVID-19 疫情的衝擊下，祭出「微旅行」（Micro Tourism）的宣傳。星野集團將其定義為：「相對於遠方或國外，這是在避免 3 密──密閉空間、人群密集、密切接觸──的狀態下，前往鄰近地區度假的一種旅行型態。從住家到目的地的距離，車程大約 30 分鐘至 1 小時，除了令人感到安心、安全，也能成為深入了解在地魅力的一大契機，為地區經濟貢獻一己之力。微旅行以休閒養生為目的，前往旅館或飯店，享受溫泉、美食，漫步在大自然中，藉由定點旅行的方式，找回身心的活力。」

　　微旅行有 3 大重點，分別為「地區觀光旅行」、「重新發現在地的魅力」、「與在地的人們緊密連結」。

　　Airbnb 也以「Go Near」為概念推出活動，鎖定住家鄰近區域可以從事休閒娛樂活動的景點，以開自用車約 1 小時半至 2 小時內能夠抵達的地區為主。

　　從事收集、分析日本觀光產業資料，並提供諮詢服務的 JTB 以及 JTB 綜合研究所，在 2020 年 5 月實施了一項調查。其中的一個問題是，

當政府解封、開放出國限制,「想立刻出發」的旅行或外出屬於哪一種類型?最多人回答的依序為「拜訪朋友」(24.4%)、「前往大自然居多的地區旅行」(19.3%)、「返鄉」(18.0%)、「在目前居住的縣市地區旅行」(15.7%)。

從調查結果進行分析,就算 COVID-19 疫情結束,微旅行提出避免3密觀念依然不會改變,人們重視的程度反而更高。

然而,像電影院、動物園或主題樂園,以及大型購物中心等場所,儘管容易形成密閉空間,但大眾利用假期前往這些休閒設施的需求卻不可能消失。只不過,在過去不太受到重視的景點,例如離家不遠卻不太熱門的美麗櫻花步道,或者開車很快就能抵達的大自然景點,已經有越來越多人察覺到這些場所的價值了。

此外,與交情深厚的親朋好友包下整棟別墅一起度假,或者和朋友一同參加能夠樂在其中的活動,相信這類的休閒活動,今後也會越來越受歡迎。

還有另一項具有真實體驗價值的度假趨勢「Workation」。

由「Work」與「Vacation」單字所組成的日式英文「Workation」,指的是在觀光景點或度假勝地進行遠端辦公的工作方式。Workation受到 COVID-19 影響而開始受到矚目,但實際上,Workation 早在疫情開始以前就存在。

2019 年 11 月,為了讓 Workation 遍及日本全國,由各地方政府組成並設立的 Workation 自治體協議會,在 2021 年 1 月,共計有 164個地方自治體(地方政府)加入。

當遠端工作成為新日常,公司與辦公地點自然就會分開,人們可以自由選擇想要辦公的場所。因此,進入假期的前 1、2 天,在度假地點——觀光景點或度假勝地——工作的型態,同樣也會逐漸成為一般常

態。2020 年 8 月，從事網路市調的日本趨勢調查公司，針對 1200 名受訪者進行調查的結果，約有 4 成的人認為今後 Workation 將會越來越普及。

　　遠距工作中多數人經常提到的一項問題，就是居家辦公時，很難明確區分出工作與私人的空間、時間。根據 NTT Data 經營研究所、JTB、日本航空公司於 2020 年 6 月共同合作，在沖繩縣北部的卡努佳度假村實施 Workation 的驗證實驗中，顯示一般人 Workation 時較容易公私分明，工作效率有所提升，甚至能促進精神層面更健康。另外，過去人們在日本國內的住宿需求，原本偏向週末或國定假日，但現在個人 Workation 的住宿需求可分散到平日，無論對消費者或旅宿業者而言，這種做法可說是充滿了吸引力。若由各地方政府持續推廣，從搬到偏鄉定居或 2 地居住的試水溫階段來看，今後這種極具魅力、能同時兼顧工作與休假的場域，依然會不斷地增加吧。

　　此外，一般認為將來還有一項趨勢，就是個人交通工具將會增加。在目前經濟情勢中，新車銷售由於疫情影響呈現低迷情況。

　　根據日本汽車銷售協會聯盟（Japan Automobile Dealers Association）發表，2020 年 5 月的新車銷售量（輕型汽車不列入統計），因為疫情爆發導致需求大減，相較前一年同期銷量，大幅下滑了 40.2%，僅賣出 147,978 輛。後來銷售情況依然持續低迷，2020 年上半期（4 到 9 月）的新車銷售統計速報值中，與前一年同期比較，仍減少了 22.6%。然而，將中古汽車一併列入統計時，卻能發現非常不一樣的情況。2020 年 6 月，單月的中古汽車登記數，比前一年增加了 6.1%，共計 327,368 輛，是 9 個月以來首次超過前一年的登記數。在這之後，將 2020 年的 7 至 12 月與前一年同期進行比較，除了 10 月以外，每個月的登記數皆超過前一年同期數量。

之所以形成這樣的市場動向，在於未來景氣仍不透明，因此人們對廉價汽車的需求較高。除此以外，另一個因素是，為避免進入大眾運輸工具的密閉空間裡，所以個人交通工具的需求也增加不少。

　另外，共享汽車的需求也有恢復的趨勢。根據提供共享汽車服務的 Anyca 公司表示，在 COVID-19 疫情爆發之後，政府隨即發布「緊急事態宣言」，受到這項因素影響，4 月的網站成交總金額，與前一年度比較雖然減少了 43%，但從 6 月以後與前一年同期比較，需求卻超過了百分之百，恢復到過去同期的水準。此外，根據數據分析顯示，共享汽車之所以恢復需求的主要因素是，「用途與租車不同，相較於旅行，多數人用於住家附近的周邊區域」。

休閒娛樂的變化 2：

花費時間、精力享受完成目標的成就感

在 COVID-19 疫情中，人們度假的另一個特徵，就是親自花費時間與精力完成某項事物，享受完成目標的成就感。選擇以這種方式度過假期的人越來越多。

前面章節已介紹 DIY 的趨勢，我想要再補充其中的一項活動，那就是在 COVID-19 疫情下受到大家喜愛的「親自下廚做料理」。

根據料理部落格的入口網站「食譜部落格」（Recipe Blog）與介紹 IG 網紅的社群網站「美食家的餐桌」（Foodie Table）進行的調查，在所有受訪者中，回答「疫情中增加了許多在家做料理的機會」的人高達 69%。

其次，受訪者在家最常做的料理種類，除了短時間內能夠完成的料理以外，還包括手工麵包與甜點（42%），以及比一般料理更花費時間、精力的料理（33%）。

特別是麵包和蛋糕，似乎掀起了一陣小小的風潮。另外，在疫情期間創下銷售佳績的排行榜中，小麥粉與鮮奶油，分別位居第 5 名與第 7 名。

提供定期配送自製麵包材料的 cotta 公司，推出一項消費者訂閱制的服務「cotta bakery」。在 2020 年 9 月提供消費者試用心得募集時，申請人數竟高達額滿人數的 22 倍，引起極為熱烈的迴響。除此之外，cotta 公司還推出了製作麵包的線上課程「我家也有麵包大師」，參加人數超過 4000 名，其中第一次報名的人，比起前一年的 5 月增加了 3 倍。

當然，我也認為，過去早已有很多人喜歡親自動手做些什麼，或者享受烹飪料理的樂趣。這種感覺絕對不是從店家或活動中得到的那種被動感動，而是運用自己的雙手，主動去完成一件事情，並從中發現積極價值。我相信今後會有更多人，加入親自動手做的行列。接下來，我們為了豐富自己的生活，親自動手做些什麼，作為全新的展示價值，並且獲得他人的尊重，相信這樣的時代很快就會到來。

甚至，這種休閒活動中產生的新趨勢，也許會逐漸影響我們關於大量生產、大量消費的思考模式。

人類追求無止盡的成長與刺激，想要永遠維持大量生產、大量消費的社會，目前已經面臨了困境。這是從 1997 年為減少溫室氣體排放的「京都議定書」之後，世界各國持續議論的焦點。然而，在世界還沒發生 COVID-19 疫情以前，能夠採取的對策，多半只侷限在特定的範圍裡。

另一方面，COVID-19 疫情在經濟、社會活動中造成了許多強制限制，人們開始認真摸索，在有所受限的行動中尋找維持社會運作的方法，過程中得到的一項領悟，就是開創全新的消費行為。

這種消費行為的價值，並非從購買高級物品或大量生產、大量消費中尋找，而是如同 DIY 或自行烹飪料理，在消費者取得材料到完成的過程裡，主動參與的程度有多少？當這一種在過程中獲得價值的消費型態逐漸普及，意味著企業應從僅靠現成商品創造最大獲利的模式，轉向保留給消費者親自參與的空間，協助消費者將成品做得更上一層樓，並提供量身訂作的客製化商業模式。

因此，企業提供訂閱制或維修保養的服務，能夠為消費者帶來長期使用的價值。倘若企業無法嗅出人們的需求或喜好，也就無法產生變革以及開創獲利的商業模式。

休閒娛樂的變化 3：

從大量消費轉為地區循環消費

　　前面曾提到人們開始重視地區的消費與娛樂，預估今後將會形成一股趨勢，因此我想接續探討相關的課題。

　　未來，當 COVID-19 疫情結束之後，再次遇到相同等級的災害，造成全球大範圍的移動限制，也許可能性不會那麼高。然而，只看日本國內的情況，某些地區容易受到颱風或地震侵襲，與外界隔絕而形同孤島狀態。因此，有許多人認為，這些風險高地區的居民，今後在災難侵襲過後的一定期間裡，必須自立自強。

　　雖然過去缺乏意識，但透過這次 COVID-19 疫情，許多人開始體認到地區共同體的重要性，也就是大規模災害發生時地區居民能互相扶持的價值。今後，人們將更重視地區循環消費，作為災害來襲時的一種防備，以維持地區活動與地區經濟系統。

　　關於這一點，在記者川島蓉子女士與《WWD JAPAN》總編輯村上要先生的對談中，他提出了極具參考價值的見解，我在此節錄部分內容（2020 年 7 月 1 日《朝日新聞 Digital》）：

　　我在自己居住的地區感受到在地價值。我經常活動的地方，從表參道與銀座轉移到住家附近。我與住家鄰近的人因此產生更進一步的交流。

　　（中略）

　　我喜歡華麗的流行時尚，平時穿衣風格有一點搞怪（笑）。而我居

住的地方，位在區間電車每站都會停靠的橫濱淳樸小鎮，這樣的打扮當然會非常醒目。某一天，我在家裡附近的商店購物時，突然有人對我說：「我從很久以前就很想問，你到底是何方神聖？」於是，我們開始聊天（笑）。另外，有一間我以前經常光顧的餐廳，在疫情爆發後只提供外帶，我們也時常為彼此加油打氣。

在凡事都必須自律的生活中，我也開始自行下廚煮飯（笑）。歷經自律的生活後，許多人對於幸福的定義各自都出現了變化吧。

這種深植於地區的消費過程中，人們追求「快樂」與「幸福」的價值，我認為和大量消費時感受到的喜悅不同。英國的年輕經濟學者席蒙・邁爾（Simon Mair）表示：「我們為了建立社會上的公平，以及環境上更健全的未來，需要一套完全有別於過去的經濟模式。」於是，他主張人們需要的是：「在不失去生活機能的情況下，應減少生產的經濟體系。」

各個地區生產該地區足夠分量的產品，以維持生活機能的運作。

就某種意義而言，儘管減少生產看起來似乎「沒有成長」，但我們不難想像，人們會逆向思考，把安定而充滿韌性的社會體系視為一種價值，而這樣的時代終究會降臨。

在川島蓉子女士與平面設計師長嶋 RIKAKO 小姐的另一場對談中，長嶋小姐對於凡事皆以成長作為前提的日本社會，做了以下的闡述（節錄於 2020 年 6 月 17 日《朝日新聞 Digital》）：

我對於以成長為前提的社會感到不耐煩，也對於在這種觀念下焦慮的自己感到不耐煩。我對於「一定要成長」這種病感到不耐煩。我認為這種成長可以說是整體經濟。人類為了經濟成長，持續破壞自然環境，就算是替貧窮地區著想，難道有必要藉由過度生產以及無止盡的消費來維持成長嗎？

（中略）

　我認為，我們應該解開「經濟必須持續成長」這項前提的束縛，進一步說，這麼做更有助於我們精神層面的成長。

　由於 COVID-19 疫情的影響出現了契機，讓人們重新評估生活充實程度的基準，從原本為了滿足經濟的充足感而生產製造，急遽地轉變成為了滿足自身周遭的生活價值、體驗價值而生產製造。

　面對巨大變化過後的未來，我們該選擇哪裡作為「生活」的場域？該以什麼樣的生活型態為目標？對於這些選擇，從什麼角度思考則是極為重要的事。

第 **6** 章

思考生活
與居住的方式

到目前為止，
本書討論了 COVID-19 疫情造成的衝擊，
如何改變我們工作與學習的方式。
接下來，這些變化將如何改變我們生活的方式，
甚至又是如何影響我們居住的方式呢？
本章將請大家一起思考這 2 大課題。

從下北澤搬遷至藤澤

圭介的新日常

一日作息時間表

時間	行程
04:00	起床
04:30	衝浪
05:00	
06:00 06:10	回家
06:30	早餐
07:00	
08:00	
09:00	
10:00	到居家修繕工具與材料量販店購買 DIY 材料
11:00	
12:00	午餐
13:00	DIY
14:00	
15:00	
15:30	出門買晚餐
16:00	
17:00	
18:00	收看歌手的直播節目放鬆心情欣賞演唱會
19:00	與朋友線上聊天＋線上聚餐飲酒
20:00	
21:00	

圭介一覺醒來，朝著時鐘方向望去，時針已轉到了 4 點。

雖然窗外天色昏暗，但不久後就會出現曙光吧。圭介避免吵醒妻子，放輕動作緩慢起身，拿起衝浪板走出戶外。騎上自行車，前往僅需 15 分鐘即可抵達的海邊。在夏天季節裡，只要是好天氣，圭介每一天都會去海邊衝浪。

天明的前一刻，晦暗沉重的海洋色調，緩緩地回復明亮，太陽的一道霞光瞬間射向天際。圭介凝望著這一刻的魔幻時光，每一次都會感動不已。衝浪的時間大約 1 小時，圭介恣意揮灑著暢快淋漓的汗水。結束後，帶著清爽心情回到家裡，已過了早上的 6 點，剛好是妻子起床的時刻。

夫妻倆一邊吃著昨天在家親手從揉麵團到烘培完成的自製麵包，一邊討論今天該如何度過。最後，圭介決定前往居家修繕工具與材料販賣店購買木材，打算製作一張放在陽臺上的椅子。

圭介和女朋友結婚，買下藤澤市內的中古房屋，已經是 4 年前的事。

他們以 2,000 萬日圓購買屋齡 40 年、面積約 80 平方公尺的獨棟式房屋，再花 500 萬日圓左右整修廚房衛浴等設備。

夫妻倆之所以考慮搬家，主要是因為兩個人的工作基本上都在網路上進行，就算要去東京總公司或拜訪客戶，每個月只需要幾天，再加上各自都需要一間能專心工作的工作室，因此才決定搬遷到藤澤市。

經過討論之後，夫妻倆決定搬遷的地點不在東京市區，而是把目標鎖定在湘南。他們的決定是有其理由：首先，圭介從學生時期開始，就經常在湘南海岸衝浪。其次，他的妻子非常喜歡橫濱與鎌倉的街道，兩人結婚以前常來這裡約會。2 項因素影響甚大。加上 2 人都是灣星隊的球迷，儘管入場券一票難求，但住在湘南地區有利於球場往返，能夠輕鬆觀看比賽，這一點非常吸引人。

挑選自住房屋的條件，既要控制預算，又要確保一定的寬敞面積與房間數量。因此，無論如何挑選，屋齡高的獨棟老房，似乎才能滿足夫妻倆的要求。儘管如此，只要房屋地基蓋得夠扎實穩固，其實僅需翻修幾個地方，未來數十年就可以安居樂業。

　　夫妻倆花了3個月尋找符合條件的房屋，最後在JR東海道本線的沿線車站辻堂站步行約15分鐘的地方，找到了目前居住的房屋物件。

　　從辻堂站不管是到橫濱或鎌倉地區，搭乘電車只需２０分鐘左右即可抵達，如果避開尖峰時段，就算開車也非常近。儘管辻堂站前有一座大型購物中心，但夫妻倆早已習慣在網路上購買日用品。對圭介來說，最重要的是家裡鄰近海邊，可以隨時去衝浪，這一點讓他備感幸福。

　　雖說這棟房屋是平房，格局卻有３房２廳，相當寬敞舒適。夫妻倆請業者進行房屋健康檢查，確認屋況與主要結構等項目，最後得知房屋並沒有大問題。

　　除了確保各自工作的專屬房間以外，倘若將來孩子誕生，也不怕沒有足夠的房間數量。房屋充滿復古格調，住起來相當舒適。特別是用餐區剛好面向陽臺與小庭園，即使是炎熱的夏天，一到傍晚就有涼風吹進室內，感覺非常舒服。

　　夫妻倆享受著這種舒服的感覺，心想，要是陽臺上有幾張椅子就更完美了。

　　圭介開著與房屋同時買下來的中古車，駛向居家修繕工具與材料販賣店購買木材。

　　最近，圭介想利用工作以外的空閒時間，動手製作各式各樣的物品。雖然可以直接買到現成的名牌貨，但他總覺得親手製作，花費時間與精力完成，除了擁有成就感，也會更加愛惜這些物品，感受其無可取

代的價值。不久以前，圭介的妻子時常稱讚他的 DIY 成品，做得實在無可挑剔。

到了傍晚，夫妻倆出門去附近商店街的蔬果店買菜，以及到水產店採買上午捕獲的竹筴魚。

由於食材新鮮，只要以簡單的方式烹調，就能煮出令人驚豔的美味佳餚，因此夫妻倆下廚的機會，變得比往常更多了。

晚上，圭介帶著輕鬆的心情，在客廳透過投影機，觀賞喜愛的歌手舉行的收費演唱會。不久後，圭介接到搬到附近定居的高中同學達也打來的電話，他表示也想前來一起同樂。

20 分鐘後，達也偕同妻子抵達。此時，圭介剛好和另一個在葉山與東京兩地居住的高中同學博志使用 Zoom 視訊連線，一同展開這次網路＋實體的暢飲聚會。由於大家聊得欲罷不能，於是約好下個月一起去博志在葉山的家，辦一場家庭烤肉大會。大家聽了都雀躍不已，迫不及待這場活動趕緊到來。

相較於「從住家到職場的距離」 更重視「居住的環境是否舒適」

　　COVID-19 疫情發生後，生活與工作的型態出現變化，人們為了滿足疫情下的生活需求，開始擴增居住環境的功能。也就是說，隨著各個領域透過網路化的快速發展，我們的住家不再只有居住功能，而是能夠以工作、學習、娛樂的空間來靈活運用。

　　那麼，我們的生活空間到底需要多大呢？針對這點，事實上日本厚生勞動省（相當於我國的衛生福利部與勞動部）制定了「居住生活基本計畫之居住面積標準」（住生活基本計画における居住面積水準）。

　　根據這項指引，考量文化與身心健康的層面，民眾所需的居住生活基本條件，建議最低居住面積：單身人士至少為 25 平方公尺；兩人共同生活時，則為 30 平方公尺。

　　另外，厚生勞動省除了建議最低居住面積以外，考量民眾需要過著充裕舒適的居住生活以及多元化的生活型態，一併訂出理想居住面積標準的建議，以都市居住型而言，2 人 1 戶的面積大小為 55 平方公尺，3 人 1 戶則為 75 平方公尺。

　　若以 2 人 1 戶的理想居住面積標準 55 平方公尺來看，房屋的基本格局就是 2 房 2 廳。實際上的空間大小，大約是 5 坪左右的客廳和餐廳，再加上兩間 3 坪左右的房間。

　　以一對夫妻日常寢食的生活空間而言，這樣的面積大小確實足夠了。那麼，如果把這間住宅拿來作為多功能用途時，假設需要用來工作，將會變得如何呢？

居住生活基本計畫之居住面積標準（厚生勞動省）

	概要	計算方式	兒童換算為成人數	每戶人數面積(例)(單位:㎡)			
				單身	2人	3人	4人
最低居住面積標準	按照每戶居住人數,考量文化與身心健康層面所需的居住生活基本條件,不應低於下列住宅面積標準	①單身者:25㎡ ②2人以上的家庭:10㎡×家庭人數+10㎡	未滿3歲 0.25人 3歲以上未滿6歲 0.5人	25	30 [30]	40 [35]	50 [45]
理想居住面積標準	按照每戶居住人數,在實現充裕的居住生活前提下,必須符合多元化生活型態的住宅面積標準	[都市居住型]住在東京市區及其周邊的公寓或大樓住宅 ①單身者:40㎡ ②2人以上的家庭:20㎡×家庭人數+15㎡	6歲以上未滿10歲 0.75人	40	55 [55]	75 [65]	95 [85]
		[一般型]住在郊外或都市型以外的獨棟住宅 ①單身者:55㎡ ②2人以上的家庭:25㎡×家庭人數+25㎡		55	75 [75]	100 [87.5]	125 [112.5]

(註1)每戶兒童人數換算為成人數後,未滿2人時,以2人計算　　　　　[ ]內的數字,代表該戶有1名3-5歲兒童
(註2)家庭人數超過4人時,將扣除5%

　　客廳以及餐廳的用途可作為個人休閒、娛樂與用餐的空間,一間房間當作寢室,另一間空出來的房間,就可以拿來當作工作室使用,我認為足以應付居家工作的需求。然而,如果像加奈子一樣,夫妻都是上班族,兩人都在家裡進行遠端工作,卻只剩一間空房間時,問題就會變得非常棘手。

　　根據 Open House 房屋公司在疫情期間的調查,民眾對住宅的要求,大幅領先其他名次的第1名是有工作或上課的空間;第2名是置物、收納的空間;第3名則是廚房有完善的設備。由此可見,這樣的調查結果,顯示出多數人的家裡,並沒有多餘的房間可用來工作。

　　然而,在厚生勞動省制定的理想居住面積標準之中,為何沒有足夠的空間與面積,提供居住者居家工作呢?這是因為「居住生活基本計畫之居住面積標準」原先預設居住者的活動如下:就寢、學習、用餐、家人團聚、烹調、排泄、沐浴、洗衣服、出入家門、收納。換句話說,理想居住面積標準的制定,並沒有將居住者需要在家裡工作這一點列入考量,因此才會制定出這樣的標準。

因此，在後疫情時代，為了滿足人們居住以外的需求功能，房屋面積應比這項標準多出 10 至 20 平方公尺以上才行。

但是，房屋的空間面積越大，房租自然也跟著水漲船高。

舉例來說，購屋者或租屋者在東京市中心的理想地區，本來可以勉強買下或租到一間新建或屋齡較新的 55 平方公尺公寓住宅，但如果再多出 10 至 20 平方公尺，則必須付出 70 平方公尺的預算，如此就會超過本身的負擔能力。

我們來看具體的數字，試著想像實際上的情況。

比方說，東京 23 區（都心）於 2015 至 2020 年的新建案，在房屋銷售數量最多的江東區裡，2 房附設廚房或 2 房 2 廳的房屋平均面積為 54.3 平方公尺，平均售價為 5,400 萬日圓；3 房附設餐廳廚房或 3 房 2 廳的房屋平均面積為 73.1 平方公尺、平均售價為 6,800 萬日圓。

這兩者相差約 20 平方公尺，售價卻多出了 1,400 萬日圓。

況且，一般而言，假設房屋貸款達 5,000 至 7,000 萬日圓時，通常會建議家庭的年度所得應超過 1,000 萬日圓。然而，根據厚生勞動省實施的「國民生活基礎調查」（2018 年）顯示，家庭年度所得超過 1,000 萬日圓，只占了整體的 12.2%。因此，對許多家庭來說，若要購買 5,000 萬日圓的房屋，門檻實在是太高了。

另外，就算確保足夠的房間大小與數量，也不代表完全排除所有的問題。例如，一個有幼兒的家庭，要想同時兼顧育兒與居家工作，這件事的難度可說是非常高。

如果是這樣的情況，比起在一個住家中設法兩邊兼顧，還不如考慮選擇在住家以外的場所，再擁有另一個空間。

總而言之，到底該不該搬到東京市區以外的地區，我認為仍有許多

人猶豫不決，因為他們除了重視住在東京市區的便利性以外，也不清楚目前任職的公司是否會永遠實施遠端工作。不過，接下來，假如遠端工作在世界上成為一種標準常態，那麼把目光鎖定在郊外的房屋，選擇居住在寬敞舒適的環境之中生活，必然將成為一項主流趨勢吧。

居住方式的變化 2

找到「全新的日常」

倚若工作以網路線上為主，就某種程度而言，人們尋找房屋的觀念，將從犧牲空間面積以換取位在東京市區車站附近房屋的思考模式，轉變為優先考慮就算遠離車站，卻能擁有足夠的房間數量、寬敞的室內空間以及良好的生活環境。有這種想法的人今後將會越來越多。

儘管車站旁的公寓住宅，擁有極佳的便利性與交通效率，但另一面也意味著，這樣的環境居住了大量人口，屬於大眾活動頻繁的區域，很容易形成 3 密的空間。

過去，人們認為人口密集在成本效率上有很多優點，現在反倒成為風險，同時也變成缺點。

另外，不需要通勤的這項優點，同樣也讓我們改變了移動的觀念。

比方說，在東京市區工作的上班族，以電車作為移動工具，是過去最普遍且最有效率的通勤方式。而疫情期間，人們大多以居家辦公為主，搭乘電車的頻率隨之降低，生活在車站周圍的價值也就減少了許多。

隨著交通工具的需求轉變，人們選擇房屋住宅的趨勢，或許會優先考慮獨棟式的中古房屋，像圭介的例子，他並沒有選擇新建成房屋。舉例來說，1970 至 1980 年代，東京首都圈裡私人鐵路公司在鐵路沿線進行住宅地開發，並規劃為市郊，興建了集合式獨棟住宅或公寓。當時這些在郊區的新市鎮，隨著時光流逝，目前已變成只剩高齡人口居住的老市鎮。然而，這些老舊住宅具有寬敞的居住空間，開始受到大眾矚目。

因此，我們可以預見的是，接下來會有許多年輕家庭購買郊區的中古房屋，在重新裝修後入住，這樣的趨勢也將持續增加。

這樣的變化，顯示我們在購買房屋時的優先考量基準，從「新建＋距離車站近」的價值觀，產生了大幅的轉變。

事實上，關於人們對不動產的價值觀出現轉變這一點，在不久之前，提供旅客入住一般住宅的民泊行業，早已嗅出了變化的端倪。比方說，人們在考慮旅行的住宿地點時，會分成 2 種大不同的選擇基準。

一種是旅客會選擇住在極為方便的住宿地點。最典型的例子，就是住在車站前的商務旅館。

另一種住宿地點，也就是住宿者的旅行目的地。例如，許多著名的溫泉旅館，其實都位在交通非常不方便的地區。但是，有很多人認為，這些地點具有停留的價值，因此會特地前往這些地區。

儘管這類溫泉旅館的交通不太方便，但絕不代表住宿費用一定會便宜。相反地，不少旅館業者會將這種遠離塵囂、風光明媚的地點當作一項「賣點」，訂出昂貴的住宿方案。不過，就算住宿費用驚人，還是有很多人樂意掏出金錢，只為得到等值的體驗。從這個角度思考就能明白，即使同樣是不動產，人們在購買房屋時，也會和選擇旅宿一樣，因為不同的價值標準，做出不同的判斷選擇。

許多人在考慮住宿地點時，會選擇一般住宅出租給旅行者的民泊旅宿，而且就像上述的溫泉旅館一樣，這些人都具有相同的價值觀。不少用戶透過 Airbnb 民泊網站預約、挑選住宿物件與地點時，即便是交通不便的地區，依然會選擇入住。因為，這些民泊旅宿皆有令人讚賞的室內設計，不然就是擁有遠眺的絕佳美景。此外，有些用戶則是在看過其他用戶的評價後，才會決定是否入住。一旦把住宅空間租出去的民泊旅宿越來越普及化，相較於車站附近或新建的房屋，人們重視居住體驗的

這項價值標準，就會深入一般住宅。因此，從中古住宅市場的觀點來看，屋齡老舊、距離車站偏遠，即使房屋位在交通不便的地區，仍然會以高收益的旅宿設施，重新獲得評價；相信在不久的未來將得以實現吧。

順帶一提，Airbnb 在最初創業時，宣傳標語是「Travel like a human」（來趟充滿人情味的旅行）。它並非像過去團體旅行一樣，講究高效率卻平淡無奇的旅行模式——前往事前決定好的觀光景點，吃著事前決定好的當地美食，以及購買眾人必買的土產紀念品。Airbnb 訴求的價值在於，即使是初次造訪的地方，也能夠像當地的居民一樣，擁有同樣的在地體驗。這項訴求成功擄獲旅行者的心，也正因為如此，Airbnb 才能在很短的時間內，將服務範圍擴大到世界各地。

於是，這種追求高效率與方便性之外的附加價值，也就是重視居住體驗價值的這項觀點，相當符合 COVID-19 疫情發生後，人們需要長時間待在家裡的生活。

在後疫情時代，生活與社會活動的重心，從公司轉移到自己的家庭裡。於是，從那一刻起，最重要的絕非距離車站很近或屋齡很新的住宅，旁人眼中認定資產價值或生活效率都很棒的「客觀價值」；而是當我們待在家裡以及周圍的社群之中，自己是否能夠感到生活充實？是否能夠「真正活得像一個人」的這種「主觀價值」。

那麼，我們到底該怎麼做，才能「真正活得像一個人」呢？如果要用一句話來描述，我認為就是找回「普通的生活」。

產品設計師深澤直人先生是我最尊敬的人之一。深澤先生對於「普通」的重要性，曾在《設計的輪廓》（デザインの輪郭，TOTO 出版）中，做了以下的論述：

美國的生活中，（中略）有各種為了生存的必需品，可說是一應俱全。有悠閒的時光、太陽與清爽的空氣、豐富原始的大自然、大海、高

山、田園，還有適度開發的都市、融合各種文化、充滿智慧與創造性的工作。有很多在日本無論拿出再多錢都買不到的東西，但卻存在於普通的生活之中。

到目前為止，在日本社會的趨勢中，早已有人多次提倡回歸「普通」的生活。因此，曾經蔚為風潮的「LOHAS」（過著健康及永續發展的生活型態）與「Minimalist」（極簡主義者），也是期望「普通」生活的一種延伸概念吧。

我認為，COVID-19 疫情造成的衝擊，為大家帶來了重新審視的機會，讓我們藉自己的都市與住家再次思考，何謂「普通」的生活感覺？只不過，在疫情衝擊後的「普通」，跟疫情發生前的「普通」，仍有一些差異。因此，我認為應將它稱之為「全新的日常」。

COVID-19 疫情發生前的「日常」，是人與人真實交流的前提之下，才得以成立。然而，COVID-19 疫情發生後的「全新的日常」，則轉變為摻雜著真實與虛擬兩者融合而成的社會，它具有包容的彈性，使人們能夠擁有多元化的生活以及工作型態。

屆時，我們生活的住家裡，必然含括多元化與複雜性。具體而言，就是住家不再只有居住場所的功能，它同時還具有工作場所、休閒娛樂場所的功能。因此，人們會要求住家的空間格局，具備多種功能以及用途。而且，這些空間格局必須容易變更，以配合人生各個階段變化，增加或減少房間的數量。此外，除了家人，未來屋主也有可能將這些空間，以民泊旅宿的型態，分享給各式各樣的人居住。因此，為確保個人隱私，顧及安全層面，完成相關保全設備的安裝，也是非常重要的事情。

像這樣找出最適合自己的生活型態，作為後疫情時代的「New Normal」（新日常），一般預測將會成為未來中長期的新趨勢。

居住方式的變化 3

從垂直都市轉變為水平都市

經過一段時間，當日本社會形成了全新的生活型態後，都市基礎設施的樣貌也會隨之改變吧。具體而言，過去以垂直化為目標的都市，一般預測將會轉變成水平化的都市。

我想再一次引用隈研吾先生在 NHK 訪談中的部分內容（2020 年 6 月 16 日 NHK《早安日本》）：

長久以來，建築師以及建築行業，都是靠著建造「箱子」溫飽三餐。但是，也許這份工作終究無法為人類帶來幸福，我認為應該要好好反省這一點才行啊。

（中略）

進入 20 世紀，箱子不斷地堆積，人們在超高層的箱子中工作，彷彿這種工作效率是最好的；而擁有超高層箱子的都市，彷彿就是最體面的都市；人們帶著這種全新的感覺，身處箱子，大家都很在乎工作是否有效率，實際上卻累積了一大堆壓力。如果當時擁有目前資訊科技的技術，根本就沒有必要把它與效率一起塞進箱子，這麼做反而會出現更多沒效率的情況。

（中略）

我認為首先必須思考的，還是箱子以外的空間。事實上，對人類來說，也許箱子的外面，才是幸福的空間，同時也是健康的空間。這些空間就如同在建築以外的部分，存在於我們的外界。而論及箱子的外部空

間，在過去園藝景觀設計師的世界，或者都市計畫的世界，都帶有「建築師必須持續建造『箱子』」的古老使命，因此才一直建造到今日。我總覺得這似乎是自己限制了自己一樣……然而實際上，當人類在地面散步，以人類的視點去思考都市的空間，或思考道路的空間，才會開始希望去打造箱子以外的空間。

在 COVID-19 爆發之後，越來越多人開始強化自己與住家周圍環境的關係。

根據網路科技公司 DeNA 的分公司調查，在 COVID-19 疫情發生以前，原本沒有運動習慣的這一組（2,936 人）當中，有 12.3% 的人開始「每星期運動數次」。在重拾運動的所有項目中，以壓倒性票數獲得第 1 名的項目正是「散步」。

散步，是人們在足不出門的漫長居家生活中，渴望走出戶外的一種行為表現。一般認為，戶外散步能避免 3 密造成的感染風險，可作為人們積極從事的一項運動，所以廣受大眾青睞。實際上，我們在住家四周散步之後，能夠察覺有別過去日常生活中重視效率與便利的價值，也就是感受水平都市的多元化與複雜性的重要性。

在人類的邏輯思考中，確實存在著無法果斷切割的情緒層面，從提升效率的觀點來看，它被視為是多餘的部分。然而，如果都市要成為常伴人類左右的存在，就有必要讓都市包容那些被視為多餘的部分。

假設凡事只考慮到效率問題，那麼把各種品牌店鋪或餐廳連鎖店，井然有序地排列在高樓大廈的樓面或許就夠了。

但是，我們反觀這些有著昔日風貌的商店街或個人經營的小吃店、餐廳，很多都是開在蜿蜒曲折的狹窄巷道裡。附近生活的居民，可在這些地方隨意消磨時間，對他們來說是何等珍貴的事物，除了能創造生活的變化，也能成為提高生活品質的力量。

正因為地區或地方共同體擁有這種獨一無二的都市基礎設施，所以才能在以「新日常」為志向的未來都市中尋獲價值，進而成為我們對居住地區萌生「鄉土愛」的泉源。

第 7 章

設計全新的「住家」

COVID-19 疫情衝擊下,人們無須通勤上班。
在實現新日常的未來都市中,我們該如何選擇生活的型態?
為了實現自己追求的生活型態,我們又該以什麼樣的基準選擇房屋?
為了釐清這些問題,本章將回到 COVID-19 疫情發生前的日本社會,
仔細思考當時選擇房屋的重視基準。

COVID-19 疫情發生前的不動產價值標準

　　COVID-19 疫情發生前的日本社會，人們在選擇房屋時的價值標準有哪些？這些價值標準在後疫情的未來都市中，又產生了哪些變化？接下來將深入探討。

①距離住家最近的車站，與住家至車站之間的距離

　　過去，多數人在購買或租下東京市中心的房屋時，首先最重要的考量標準，就是最近車站的地點，以及家屋與最近車站之間的距離。

　　一般而言，平日搭乘通勤電車前往工作場所，是上班族最常見的情形。因此，大家最重視的，就是如何將電車轉乘次數減到最少，如何輕鬆通勤。（乘車時間是否過長？能否搭上首班電車？該站是否為特快車停靠的車站？）此外，從住家到車站是否在徒步可抵達範圍的距離，就成為選擇房屋時最重要的關鍵。

　　例如，2019 年「購買新建公寓時的想法」的年度調查中，受訪者對於就算花錢也絕不妥協的項目，超越「日照、採光良好」、「有優良防災設施與措施」等選項，以壓倒性票數獲得第 1 名的正是「距離車站要近」。

②寧願犧牲較寬敞的獨棟式房屋，選擇公寓房屋

若購屋者重視大型轉運車站的方便性，就會選擇住在距離車站徒步圈範圍內的房屋。因此，從考量房屋價格與選項的多寡來看，相較於獨棟式房屋，購屋者會優先考慮公寓房屋。

公寓大樓的房屋維護、修繕工作，除了能交由管理公司處理，還附有自動上鎖等門禁系統，安全無虞。此外，很多新建大樓附有無障礙設施，即使邁入老年生活，也能夠持續安心居住。

但另一方面，東京市中心的房屋距離車站越近，土地的價格也就越昂貴。車站附近的公寓房屋，每一戶不含公共設施的面積，基本上都比獨棟式房屋還小。根據日本總務省發表的 2018 年住宅、土地統計調查資料，關於每戶住宅的平均總面積，比起獨棟式房屋的 126.63 平方公尺，公寓大樓的每戶房屋只有 51.4 平方公尺。

因此，正如資料顯示，過去許多人希望擁有住家到車站的方便性，而犧牲住宅居住面積選擇公寓房屋。

③該選擇新建房屋嗎？

挑選車站附近的公寓大樓時，許多人還有另外一項重要考量，就是該物件是否為新建房屋。一般而言，日本人對新建房屋具有強烈迷思。實際上，在美國與英國，中古房屋占整個房屋市場的比例高達 80%，相較之下，日本僅有 20% 左右。

由於日本的地震災害較多，因此人們對建築物是否符合耐震基準，必然相當重視。1981 年後的建築物，基本上應該都符合這項基準。不過，儘管無須擔心屋齡問題，希望購買新建公寓房屋的人仍然有相當高的比例。

但是，這種情況似乎也開始一點一滴出現轉變。

2016 年，在東京首都圈成交的新建公寓大樓戶數，共計為 35,772 戶；相較之下，中古公寓的成交戶數為 37,108 戶。這是中古成交戶數首次超過新建成交戶數，這樣的趨勢今後依然會持續下去。分析其成因，在於新建公寓大樓的價格過於高昂，購屋者買不下手，所以轉向相對來說較便宜的中古公寓，這正是影響購屋者的主要原因。

④資產價值

最後我想提出的是，人們在過去選擇房屋時，也會非常重視資產價值以及轉售時的價格。

2019 年「購買新建公寓時的想法」的年度調查中，針對購屋者選擇購買公寓房屋的原因，第一名是「想要擁有資產，一般認為公寓房屋作為資產比較有利」。

在中古房屋市場龐大的歐美國家，對於轉售價格的想法上，似乎與日本有些落差。在歐美國家流通的中古房屋較多，而且通常住宅本身具有附加價值。

然而，日本的情況並非如此，隨著年數增加，獨棟式房屋的資產會越來越不值錢，最後只剩土地價格成為評估項目。另一方面，由於公寓大樓在區分所有權中，土地持有分較少，特別是高塔式住宅大樓，雖然幾乎不包含土地的價格，但多半以便利性與地段的好壞決定轉售價格；受到這些因素影響，即使是中古房屋，只要座落在受歡迎地區的車站附近，價格依然會上漲。

事實上，根據不動產價格鑑定公司東京 KANTEI 表示，以「從車站徒步的時間來區分公寓 PBR（淨值比，中古公寓的資產性）」進行評

估，距離車站徒步 10 分鐘以內的公寓，通常資產價值會有較高的傾向。特別是距離車站徒步 1 分鐘以內的公寓，或直接連接車站的公寓，這些房屋的資產價值幾乎不會下降。

像這種具有良好條件的新建公寓，購屋者能預見未來價格上漲，或者資產價值維持平穩。所以無論如何，既然要購屋，絕大多數的人都會傾向挑選新建房屋。

另外，過去購屋者在挑選房屋時，對於建築物的設計感、宜居性，以及格局是否容易變更等項目的優先順序並沒有那麼高。

日本新建公寓大樓的入口網站 MAJOR7（住友不動產、大京、東急不動產、東京建物、野村不動產、三井不動產 Residential、三菱地所 Residence，共 7 間建商），於 2019 年進行市場調查，提出 17 項有關理想公寓型態的問題。其中，受訪者對於建設公司的重視項目，前幾名分別為信賴性、住宅管理公司、建案地點等相關項目。另一方面，「房屋格局可變更的程度」為第 7 名，而「由建築師或設計師設計的公寓」則為第 14 名，幾乎接近吊車尾的名次。

綜觀上述分析，相較於住家的宜居性，過去購屋者會以從車站到住家的交通方便性，以及現在、未來的房屋資產價值去評鑑房屋。此外，由於房屋格局與室內設計，並不會大幅改變資產的價值，因此房屋建商會規劃出一模一樣的基本功能與房屋格局，重視的是降低成本以及提升效率。

COVID-19 疫情後對於住宅選擇的考量

　　根據前述在市場上提供房屋物件的 4 項基準，只有符合蓋在好地段的新建公寓大樓，以及少部分資產價值不會下降的中古公寓，才能夠持續受到購屋者的青睞。當我們把眼光放在疫情過後、中長期的全新社會系統，希望能以彈性應變的方式過著幸福生活，在挑選房屋時就應採取與過去不同的基準，這一點將變得越來越重要。

　　今後，我們該以什麼樣的基準與觀點，選擇居住的房屋與地區？

　　首先，我們應該思考要住在什麼「地區」以及哪一類「房屋」。COVID-19 疫情爆發之前，我們幾乎不曾考量一項大原則，就是居住的「分散性」。所謂分散性，就是思考選擇居住在一個地方，或者選擇住在 2 個以上的地方。

　　目前，對很多人來說，當作生活避風港的住家只有一個而已。撇除富裕階層擁有別墅之外，一般人除了自宅以外所持有的不動產，不是投資用公寓，就是淪為空屋閒置的老家，絕大多數人不曾想過自住。

　　另外，在日本除了接受公司調派而獨自遠赴外地工作的人，目前往返兩地並將兩地皆當作生活據點的人可說少之又少。接下來，我所引用的這份統計資料有點久遠：根據 2008 年住宅、土地統計調查，除了現行居住的房屋以外，另外持有第 2 居住的住宅或別墅之人，僅占整體0.7%。另外，提供大家參考國外的實際情況：在瑞典國家，自己或家人、親戚持有別墅或避暑小屋的比例，大約有 30%。

截至目前為止，以最少的通勤時間與提升效率的觀點來看，許多居住在狹小公寓的人，COVID-19疫情爆發後，被迫過著居家工作的生活，或每週出勤 1 至 3 日；這些人明顯感受到生活型態在這種情況下出現了極大轉變。

另一方面，如果自宅是東京市中心的公寓大樓，想要住家滿足多種功能，同時又要確保寬敞的空間與足夠的房間數，根本十分困難。因此，若我們以舒適的生活為目標，不希望在狹窄的空間生活與工作，那麼就可以考慮搬到東京市中心以外的地區，或者同時在東京與郊區雙地各有據點。

話雖如此，許多人或許會認為雙據點在預算上難以實現。因此，我想提出各種可行的做法，考量上班族家庭的實際情況，在有限的預算以內，提出可行性高的 4 種居住型態：

①「東京市中心＋東京市中心」雙據點

此一提議也許讓人出乎意外，但就今後可能實現的居住型態來說，首先想到的，正是市中心＋市中心的雙據點形式。

相較過去，儘管很多人不需要再過著每天通勤的生活，不過我認為還是有很多人重視住在東京市區的方便性。然而，企業要求員工居家工作，這些住在車站附近或高塔式住宅大樓的人，實在很難在住家騰出多餘的空間用以工作。

因此，其中一項做法，就是把住家與工作分散為 2 個據點，以確保足夠寬敞空間及其功能。也就是說，犧牲原本靠近車站或屋齡較新的住家，另外尋找一間房屋，以及一間距離住家或辦公室較近的工作室或休閒娛樂室，方便 2 個據點之間的往返。

任職於東京大學，過去曾經關照過我的大月敏雄教授，在著作《運用智慧住在都市——打造超高齡社會的安身之地》（町を住みこなす——超高齡社会の居場所づくり，岩波書店出版）中，提出一項觀察：許多居住在國宅社區的家庭，當孩子長大成人需要自己的新房間時，就會在同一棟建築物裡租下另一間套房。

過去，有一套漫畫《鄰家美眉》（タッチ，安達充，小學館出版）紅極一時。故事中，高中生主角在空地打造了一間可供念書的組合屋，應該還有人記得這段情節吧。這就類似在東京市中心設置 2 個據點，藉以靈活運用的相同概念。

只不過，對許多人而言，要保留車站附近的高塔式住宅大樓房屋，還要另外再租下第 2 個據點，預算上肯定會超出能力所及。因此，這時候必須妥協，不再堅持靠近車站或屋齡較新的住家。如此一來，就可以確保工作專用的第 2 個據點，用來提升我們生活與工作的品質（至於如何克服經濟問題，將留待後面詳細說明）。

②「東京市中心＋東京市中心以外地區」雙據點

接下來的提議，做法是選擇居住在東京市中心，或是市郊的公寓、獨棟式房屋；再從其他地區挑選另一個據點，例如：自己的故鄉、度假勝地，或可以從事自己興趣的地區。

事實上，從過去開始，早已存在著這種 2 個據點的模式。只不過，就實際的運用方式而言，現在與過去還是有所差異。

提到雙地居住的雙據點模式，過去的做法是平日住在東京市中心，週末或國定假日才會去其他偏鄉地區居住（別墅、另一個家）。然而，當遠端工作逐漸普及，成為全新的生活型態之後，偏鄉地區反而可能轉

變為主要的居住據點，如果有重要事情需要處理時，才會返回東京市中心的住家。

此外，當選擇住在氣候與東京市中心完全不同的地區時，這種雙地居住的模式，可隨著不同季節調整居住的場所，過著氣候宜人的舒適生活。

比方說，在炎熱的夏季期間，選擇到避暑勝地的別墅或第 2 個家工作，這是許多人嚮往的生活方式。但過去，每天大家都必須通勤上班，很難實現這種生活方式。隨著遠端工作越來越普及，在凡事便利的東京市中心與生活舒適的市郊地區，實現雙地居住與工作的生活型態，其可行性已經越來越高。

另一方面，在都市與郊區雙地居住時，如果郊區過於偏遠，可能會出現不常居住，或是閒置不用的情況，這樣就不太符合成本效益，反而徒增無謂的開銷負擔。不過，日本政府已修訂法律，可將住宅當作民泊旅宿，出租給其他使用者。因此，在沒有居住的期間，即可考慮把住宅租出去，賺取所需的維護費用，也不失為一項好選擇。

③在郊區市鎮或郊外地區，確保一處空間寬敞的據點

第 3 個提出的居住型態，是在稍微遠離都市的地區，擁有一間空間較大的住宅，以確保寬廣的土地以及室內面積。

具體來說，過去日本經濟高度成長期後，鐵路公司在鐵路沿線地區開發了郊區新市鎮。因此，我們可以在這些地區，買下或租下空間較大的中古獨棟式房屋或公寓住宅。

在經濟高度成長期開發的郊區市鎮中，隨著人口減少產生的空屋非常醒目，也能看到不少因為生意凋零而拉下鐵門的商店街。但相反地，

仍有很多場所隨著世代更迭，街道依然整頓維護得相當完善。

關於在郊區市鎮居住的好處，以下列出了幾點提供大家參考：

● 生活開銷比都市地區低，更能確保生活品質。

● 街道整頓得井然有序，道路與公園等基礎民生設施同樣完善。

● 很多極具個人特色的店鋪，為生活帶來豐富變化。（地方創業
的成本較低，這也是個人店鋪較多的主因）

● 許多區域的度假休閒地區交通往來非常方便之餘，卻也與東京
市中心保持適當的距離感。

因此，我們可考慮選擇目前仍充滿活力的地區，尋找優良的中古房
屋物件，並且決定以購買、重新整修或承租的方式，打造一個理想的住
家，即可在舒適的環境中生活與工作。

④只在鄉下地區擁有據點

最後的選項是搬遷至鄉下或度假勝地。

這種生活與工作型態，適合有特定嗜好的人。例如，喜愛衝浪的人，
可搬到海邊附近地區；愛好登山的人，可選擇靠近山區的地區。如果需
要回到東京工作時，可利用旅館或民泊等旅宿設施，如此一來就能輕鬆
解決住宿問題。

完全移居到偏鄉地區有優點也有缺點，在下決心之前，必須了解所
有的優缺點。特別是針對缺點，事前做好充分的了解非常重要。

首先來看有哪些優點。舉例來說，以觀光景點著稱的輕井澤、箱根、
伊豆等地區，若考慮在這些地方居住，只要不拘泥新建或靠近車站的房
屋，無論是購買或租屋，費用都會比東京市中心來得合理。除了輕井澤
這類觀光景點以外，一般偏鄉地區的生活開銷也較為低廉。

另外，從偏鄉地區前往東京需要一定的時間。除了輕井澤或三島地區設有新幹線的停靠車站，往返東京市區非常方便，從其他偏鄉地區前往東京市區，都必須耗費一段時間。這種居住方式適合不常前往東京總公司、僅需在家進行遠端工作的人。此外，往返 2 地的交通費用非常昂貴，如果公司無法支付這項費用，那麼對於目前在東京市中心的上班族而言，就難以實現移居到鄉下地區工作的夢想。

　　住在偏鄉地區，超市或醫院等重要民生設施，如果不在徒步可抵達的範圍內，而且家裡又沒有自用車，就很容易出現不便。因此，移居到人生地不熟的地區，等到將來年邁之後，再也沒有辦法自行搭乘交通工具時，可能會產生更多困擾。再者，搬遷到具有歷史淵源、長久以來就很多人居住的地區，也極有可能面臨不易與鄰居打交道的情形。

　　倘若經過深思熟慮、仔細評估並做好心理準備之後，仍然決定移居到心中感到充滿魅力的特定地區，我認為就非常值得考慮此一選項，前往鄉下地區尋找屬於自己的全新據點。

選擇全新的住家 1：

選擇地區、建築物的 5 項基準

請大家記住上述 COVID-19 疫情後選擇住家的 4 種居住型態。接下來，我將介紹今後如何選擇居住地區與住宅的 5 項基準。

①：據點與職場之間的距離感

新日常時代，我們對工作與居住的各種考量，皆無法排除自己與職場之間的距離，這是非常重要的一項因素。

只不過，現在與 COVID-19 疫情發生之前的差異，在於過去人們選擇住家時，會認為距離辦公室越近越好。從這個角度去看，每個人應該從個人工作與生活之間找出平衡點，並根據個人價值觀，設定出適當的距離，這一點非常重要。

順帶一提，在 COVID-19 疫情爆發前的日本社會，人們到底花多少時間在通勤上呢？根據日本總務省（權責近似台灣內政部）統計 2016 年度社會生活基本調查顯示，10 歲以上的日本人，在上班上課所花費的通勤時間，最長的前幾名皆集中在 1 都 3 縣（東京都、神奈川縣、千葉縣、埼玉縣），平均通勤時間落在 1 小時 34 分至 1 小時 45 分。

統計中也能看出，相較於上班通勤時間，私立中學、高中的上學通勤時間有更長的趨勢（儘管這也是問題之一），而居住在東京市中心的上班族，平均通勤時間大約在 1 小時左右。

這裡將產生一個問題，一旦前往公司辦公室的頻率減少，一般上班族還能容忍多久的移動時間呢？老實說，這個問題會因為每個人的感覺不同，而產生相當大的結果差異。

假設一間在東京市區的企業，公司員工每週僅需到辦公室 1 或 2 天，實際的通勤人數就會減少，有助於紓解尖峰時段的通勤人潮。因此，就算這個時段的通勤時間很長，例如 90 至 120 分鐘，在人潮稀疏的情況下，應該還是會有很多人能夠接受這種較長的通勤時間。

但另一方面，如果失去了長時間乘坐電車的習慣，就會更難忍受擠得水洩不通的電車。或許會有不少人選擇搬到公司附近居住，只是以有限的年薪所得，如果想在公司附近，也就是在東京市中心找到寬敞的居住空間，必須要有一定的對策。

再者，假設企業同意員工靈活運用鄰近地區的共享辦公室，員工對於自己與職場之間的距離感，也會產生極大的轉變。此時必須考慮的，就不是住家與企業之間的距離，而是住家與共享辦公室之間的往返距離。如此一來，可以選擇的範圍，也就變得非常大了。

此外，如果本身考慮雙據點時，就必須事前思考，是否能從第 2 個據點以通勤方式抵達公司。再來則是第 2 個據點是否能作為平常生活的據點？或是第 2 個據點完全與工作切割分離？這兩者的思考方式有極大差異。前者必須留意住家與職場之間的距離；後者若要比喻，就像平時住在東京作為工作據點，再租下或買下位在沖繩的別墅或第 2 個家，當作工作以外第 2 個生活據點。

當 COVID-19 疫情結束後，我們應仔細評估，公司對於遠端工作將採取哪一種策略。我們再根據這項策略，思考並找出自己的據點與職場間的距離感，最後決定適當的地點，這點非常重要。

②：生活的方便性

關於職場辦公室與住家的距離，如果確實找到自己的基準，就能夠掌握兩者之間的距離，並決定適合的居住地點。

思考疫情發生後的居住型態時，為確保將來的生活品質，只重視自己住家的內部空間是不夠的。相反地，我們必須評估房屋周邊環境與方便性，試著模擬居住當地的感覺。

COVID-19 疫情發生前，我認為許多人選擇居住地點時，非常重視四周的環境，例如附近是否有超級市場、學校或醫院。從民生基本設施提高生活便利性的觀點來看，住家的環境確實相當重要，不過以更寬廣的視野、綜觀全面的態度，仔細觀察住家的四周有哪些特色，也是非常重要的事。

從評估不動產所在地的地區環境，以及該地區生活方便性的觀點來看，各大不動產資訊網站所發表的「最想居住的地方」排行榜，其實也做了類似的評價。然而，這些排行榜多半以區市町村（日本劃分地區的單位）為單位進行評價，即使是同一個市町村，實際上也會因為不同的區域，在宜居的程度上出現極大的落差。另外，既然每一個人的生活方式不盡相同，那麼一個適合所有人居住的最佳地區，也就不可能存在吧。

因此，如果目前有考慮居住的區域，我們就可以運用一個簡單的評估方法，判斷這個區域對自己是否有良好的生活便利性。接下來，我來介紹「1：10：100 法則」的方法。

首先，1：10：100 法則的「1」，代表以住家為中心的 1 公里範圍內，也就是從住家徒步 10 至 15 分鐘的距離，所有能夠抵達的場所、街道等地方。

我們從家裡徒步到這些 10 至 15 分鐘範圍內的場所，處理日常生活大小事，通常大約在 1 個小時以內結束回家（當然還必須取決於辦事的

內容，或人潮擁擠的程度而定）。日常生活中經常去的各種民生、公共設施場所，如果都能在徒步的 1 公里範圍內，對我們能否過著便利的生活有著極大的影響。

這 1 公里範圍內，我們可以想到許多與生活息息相關的重要場所。例如：超級市場、便利商店等民生必須場所，另外還有銀行、醫院，以及小學與中學等公共設施。

其次，1：10：100 法則的「10」，代表駕駛汽機車、搭乘公車或電車等，也就是我們平時運用的交通工具，在 10 分鐘左右能夠抵達的場所。

在 10 分鐘範圍內希望能夠抵達的地方，並不一定是滿足生活最低限度的場所，而是為了能夠豐富我們生活而前往的場所。

因此，對每一個人而言，能感到豐富生活的場所都不盡相同。有人的生活中不能缺少書店或咖啡店；有人則重視平價餐廳或酒吧、居酒屋等場所；也有人認為一定要有公園等休閒空間；喜好運動的人則希望有高爾夫球練習場、網球場或健身房等運動場所。

另外，很多人希望 10 分鐘以內能抵達的場所，還包括綜合醫院與舉辦演唱會的場館，儘管平時前往的頻率不高，對生活來說卻很重要。

如果企業同意員工在共享辦公室工作，那麼能夠在 10 分鐘以內抵達共享辦公室，也會讓人覺得非常方便。

最後，1：10：100 法則的「100」，代表開車或搭乘電車，在 100 分鐘以內抵達的區域範圍中，我們能夠前往的場所。

在這 100 分鐘的時間範圍中，如果有觀光景點、主題遊樂園、山區、海邊，或溫泉等地區，就能利用週末或國定假日，前往各個不同的休閒娛樂地點了。

假設我們重視的休閒嗜好或假日活動，可以在這些特定的場所進行（例如：丹澤的山區、湘南的海岸、箱根的溫泉等），那麼在選擇住家地點時，考量與這些場所的距離，就是非常重要的因素。

此外，在 100 分鐘能夠抵達的地點，許多人表示，希望包括平常較少回去的故鄉，也就是父母親、兄弟姐妹、親戚們居住的地方。如此一來，就能輕鬆探望親人。

像這樣，把自己的住家當作起點，藉由小生活圈至中生活圈至大生活圈的觀點，確實掌握自己能夠抵達的地點，並從原本以高塔式住宅大樓為中心的垂直型都市生活，轉變為以地區為中心的水平型都市生活。這種觀念上的轉變，對我們也具有重要的意義。

③：徒步圈的幸福程度

在 1：10：100 法則之中，最重要的就是 1 公里徒步範圍內，這些場所是否能符合自己的生活型態。

具體來說，由各種元素平衡構成的都市，是否能符合自己追求的都市風貌，都可以在這 1 公里的徒步範圍內，憑著自己感受到的幸福程度去判斷。

我們在生活中，喜歡多少比例的現代化生活環境？又喜歡多少比例的自然生活環境？這些都會隨著每個人的喜好產生極大的差異。例如，喜歡追求都會現代化刺激的人，如果搬到鄉下生活，肯定會覺得枯燥乏味，甚至還會覺得是一種壓力。而喜歡街道綠意盎然或大自然的人，若拿來跟喜歡前往小巷裡的居酒屋或追求夜生活的人比較，雙方偏好居住的地區，肯定有著天差地別的景象。

那麼，我們選擇的居住地，是否能滿足我們心中對現代化與自然環境的最佳比例，最簡單快速的判斷方法，就是親自跑一趟房屋物件的所在地，以它為中心，試著花 1 至 2 小時步行一圈，審視自己能感受到多少幸福的感覺。

最近，電視上經常播出各式各樣街道散步的節目，相當受到觀眾喜愛。這類節目之所以受到青睞，其中一項理由，就是我們在汽車奔馳中的時候，無法觀察到的都市魅力，全部都會在散步的過程中，完整又清楚地浮現在眼前。

我們前往想要居住的地區，在實際步行一圈之後，就能親身感受自己與當地是否契合。沒有特定目的，隨心所欲地散步一圈。在這段過程中，自己發現了哪些人事物，受其吸引而度過愉悅的時光？這樣的場所又有多少？我們憑靠自己的直覺，掌握這些人事物，不以邏輯思考分析好惡，而以自身的感性去捕捉心中的感覺，同樣也是重要的事。

另外一項在散步過程的重點，就是了解該地區的複雜程度，以及更深層的面向。

日本經濟學者小島寬之先生，在發表的專欄文章中，針對同為經濟學者的宇澤弘文先生與間宮陽介先生的研究，做了以下的論述（2008年 1 月 4 日，小島寬之的〈環境與經濟的幸福關係〉）：

都市設計者容易犯的錯誤，就是輕易地把「功能優先的合理主義」作為設計都市時的理論。我之所以如此評論，在於這種主義在空間設計時，僅重視物理上的時間與物理上的空間，才會有人推論出「道路筆直比較好」、「道路排列成橫盤格狀比較好」、「地區應畫分為辦公大樓區、工業區、商業區、住宅區，用功能來分區比較好」等結果，但顯然這是一種錯誤。

接下來，提到充滿魅力的都市必需具備的條件，我想介紹都市學者珍‧雅各（Jane Jacobs）女士所提倡的都市 4 大原則：

● 有狹窄的街道，而且彎彎曲曲，規模小的街區。

● 都市保存許多古老建築物，混合各式各樣不同建築手法的建築物。

● 各地區應具有 2 項或 2 項以上的都市功能，以維持多樣性。

● 規劃能充分容納未來人口密度變高的都市。

人們在新日常時代對於第 4 點提出的人口密度問題，應該會有截然不同的思考方式。

除此之外，都市不應全部規劃成井然有序的直線街道，而是事前規劃出人們在步行時能夠發現的有趣或隱蔽街道，進而帶來全新的意外收穫。在新日常社會中，當我們判斷都市魅力時，這些都是重要的考量因素。

④：收益性

在決定地區並選擇理想的不動產物件之後，接著考量的重點，就是能否提高不動產的收益性。

提到收益性，很多人會立刻想到轉售價格。所謂轉售價格，就是預測房屋在居住一定期間之後，如果想賣給其他人時，房屋會有多少資產價值。

因此，我們在居住的期間，若想靠房屋賺取轉售價值，除非利用以房養老這一類的特殊制度，把房屋拿去不動產反向抵押貸款（Reverse Mortgage），否則就無法取得轉售價值的現金。另外，也有很多人認為，如果只是單純租下房屋，就與收益性無關了。

另一方面，本書考量的收益性，著眼點是放在居住場所的使用「期間」，並且思考該如何提高收益。

接著，請大家一起思考，兩地居住時的實際情況。或許有很多人認為，要同時維持生活與工作的雙據點，可能會造成金錢方面的困難。

然而，通常持有別墅或第 2 間房屋的人，並不會同時使用這兩個據點的不動產。也就是居住在其中一間房屋時，另一間房屋並不會有人居住。

此時，暫時不使用的房屋，如果以日租或民泊旅宿的方式出租給其他人，就能減少房租或管理、維護費用的負擔，也可以降低持有兩個據點的門檻。

接下來，我以實際的例子說明。

經營不動產的 Angel Group，運用了政府於 2018 年 6 月實施的《住宅宿泊事業法》（民泊新法），在新潟縣南魚沼郡湯澤町的度假公寓，透過民泊、出租別墅、包月出租等方式，展開一項名為「度假不動產的共享事業」。

在湯澤町地區，不少度假公寓都是在過去泡沫經濟時期建設的，這些建築物已變得老舊不堪；當地居民或來此度假的人減少；許多人繳不出房屋管理費或積欠修繕基金，面臨了各種問題。

然而，大家開始活用這類公寓物件之後，除了持有者拿來作為民泊旅宿出租以外，甚至連搞笑藝人，主持綜藝節目《男女糾察隊》的田村淳先生，也經營起這裡的民泊事業。在旺季時期，有些民泊房間 1 個月的出租率竟然高達到 70%，可說是充分利用老屋創造出新價值。

天使集團推展的這項計畫，榮獲了第 7 屆的新潟新商業大獎。我認為，經由重新評估，把別墅當作收益物件而創造出的全新價值，這一類的商業模式，今後仍會不斷地增加。

不過，用來作為民泊旅宿的房屋物件基準與出租天數，必須遵守日本政府所制定的規定。另外，有一些地方政府則會加強限制出租的日數，或不能出租的固定日期。如果想把自己的不動產，以民泊旅宿的方式出租給他人時，切記應事前確認法律上的各項規定。

⑤：彈性

最後要介紹住宅基準的項目是彈性。

　　所謂彈性，指的是隨著不同的人生階段，當生活與工作的型態發生變化時，住家的格局或運用的方式，能夠採取哪一些應變措施。

　　首先從室內空間的彈性應變來思考。也就是我們的住家，是否能輕易地變更房間的用途及其數量呢？比方說，最初入住時，原本是以一間大房間作為一家人共同使用的房間，等待孩子長大後，就把大房間隔成2間房間，其中1間作為孩子的個人房間。像這樣，為了將來著想，在某種程度上，必須預留一些空間才行。

　　其次，從彈性的角度思考另一項課題，就是究竟該以購屋的方式買下房屋，或是租屋就好呢？當我們屬意某個地區，下定決心在該地區過著一輩子的生活，如果找到了好的房屋物件，當然就會希望將它買下來。

　　但另一方面，如果自己沒有明確的想法，也不清楚自己真正想居住的地區，卻需要尋找兩地居住的次要據點，此時千萬別急著買下房屋，請先以租下來或包月的方式，謹慎觀察評估過後再做決定。

　　對於過去沒有緣分接觸的地區，如果考慮購買房屋或別墅時，建議可先利用 Airbnb 等民泊旅宿平臺進行了解，這是一個相當有效的方法。比方說，我們找到了想居住的地區，可先預約民泊旅宿1星期至1個月，

實際居住一段期間，如此一來就有充分的時間進行確認，觀察該地區是否為心目中理想的居住環境。

選擇全新的住家 2：

選擇住宅的 2 項觀點

到目前為止，我們可以按照這 5 項基準，鎖定特定的地區，找出數間適合自己的候選房屋物件。然而，仔細觀察這些房屋物件，每一間的屋齡、室內面積、房屋格局與設備都不盡相同，到底該如何從中挑選出最適合自己的房屋呢？

每個人對房屋的格局或設備，所重視的項目都不一樣。

總之，有人認為有寬敞的客廳比較好，廁所與浴室應該各自獨立；也有人認為如果廚房沒有附設洗碗機就不考慮，可見每個人都各有堅持的地方。

但是，如果逐一檢視每間房屋的設備與格局空間，就會發現無論哪哪種房屋都各有優缺點，很容易陷入難以取捨的泥沼，最後只好以當場的感覺來決定。相信有這種經驗的人應該也不少吧。

因此，本書將介紹，當我們在選擇住宅時，必須透過兩項重要的觀點，也就是從功能與情感這 2 項觀點去思考。

①：功能面

所謂功能的觀點，就是構成我們生活的 5 項主要功能：Relax、Eat、Play、Work、Learn（休息、飲食、娛樂、工作、學習），再加上 2 項輔助功能：Buy、Earn（購物、賺錢）。在挑選房屋時，我們應

該仔細思考，住家如何滿足這些功能。接下來，我將列出這些功能的詳細設備。

5 項主要功能

生活上必須具備的功能，尤其是在後疫情社會中，居家生活時需要的功能

- **Relax**

  休息睡眠，或者日常生活的基本功能：餐桌、床鋪、廚房與衛浴設備、電視機、電腦、書櫃、收納置物空間等。

- **Eat**

  烹調料理，或者飲食場所的功能：廚房、餐桌等。

- **Play**

  娛樂，或者運動場所的功能：電玩遊戲機、電腦、音響設備、書櫃、廚房、瑜伽墊等。

- **Work**

  工作或作業的功能：使用電腦時的桌子、工作椅、文件櫃等。

- **Learn**

  學習的功能：書桌、椅子、書櫃等。

2 項輔助功能

儘管也屬於生活上必須要有的功能，卻不是過去住家中的必備功能

- **Buy**

  生活中，購買必需品或奢侈品的功能：能夠進行網路購物的基本設備（電腦、無線網路設備等）。

- **Earn**

  為了生活可以賺錢的功能：如果把住家作為民泊旅宿時，住家就是賺錢的工具。

COVID-19 疫情發生以前，對住家功能的要求，通常只有 Relax、Eat、Play3 項。但在新日常社會裡，住家的主要功能，又新增了 Work、Learn。不過，疫情發生以前，大家幾乎只把這 2 項功能定位為住家輔助功能。

因此，今後當我們在選擇房屋物件時，應確認每一棟房屋的空間，以什麼方式區分房間的用途。特別是過去我們不曾想過，住家需要保留 Work、Learn 的空間，所以選擇時必須特別注意。另外，應該仔細檢視每一個區域，是否有足夠的空間擺放相關設備也非常重要。

另外，各項功能需要增加的設備，也會因為居住者的個性而有所差異。例如，喜歡玩音響設備的人，若把龐大笨重的音箱放在休閒娛樂的空間，必須事前加裝隔音設施，確保不會干擾隔壁鄰居。

每個人在居家辦公添購工作設備時，同樣也會出現個人差異。有人可能覺得只要有工作桌和椅子就可以了，不過也有人要求必須有成套的辦公設備才行。此外，在工作時，應在伸手可及的地方擺放印表機與文件櫃，以方便文件的列印與收納。這些需求應事先列好清單，當自己在參觀新房屋時，心中才會有具體的畫面，清楚每一個空間該如何妥善規劃。

最後，在 COVID-19 疫情的前、中、後期，人們對住家功能的需求會出現哪些轉變？為了因應這些轉變，我們又該如何改變空間格局的使用方式？關於這些重要的部分，我將在後面章節詳細介紹。

②：情感面

當我們選擇房屋物件時，另一項重視的就是情感上的觀點。

家，是我們一生中度過最多時間的地方，我們對家付出多少的愛，就能為人生帶來多少的幸福。在 COVID-19 疫情發生之後，我們在家裡度過的時間變得更長，我們對家所感受到的情感價值，也就變得更重要。

選擇新房屋時，我們該如何判斷自己是否會喜愛這間房屋呢？首先，最重要的是，自己在參觀房屋時，是否猶豫不決，或是出現嫌惡的感覺？如此，就算功能滿足所有需求，也還是有人會放棄這間房屋。

參觀房屋物件時，每間所花時間最多不過 30 分鐘至 1 小時左右。就算事前列出確認清單，不管再如何仔細檢視每間房屋的角落，短時間的確認一定會出現疏漏。尤其是生活中的噪音或日照情況等項目，也會因為參觀房屋的時段，出現無法確認的情形。

甚至，購買新建案的預售房屋，在完工交屋之前，購屋者只能先看到設計圖或廣告照片，就必須決定是否購買。

既然所有的細節很難在事前逐一確認，能夠仰賴的就只有我們的直覺。參觀房屋物件時，如果感到有所疑惑，就表示可能潛藏著將來會浮上檯面的問題。

憑藉著沒有根據、曖昧不清的直覺，或許有人會對此感到不安。不過，我想舉個例子來說明。在日本將棋界中，近來榮獲棋聖頭銜的藤井聰太極為活躍，讓社會掀起了一陣將棋的風潮，他同樣如此憑靠直覺。另一方面，AI（人工智慧）的邏輯運算能力達到極致，得以超越人類的直覺，也不過是最近幾年才發生的事。

AI 所下的每一步棋，都經過電腦縝密的邏輯運算，澈底解讀對方的每一手，計算出最佳棋路。相對地，身為職業棋士的人類，全靠過去每一局的對戰經驗，以直覺判斷棋子該下在哪裡。這種憑靠直覺方式的戰術，過去向來無往不利；直到最近才被藉由消耗大量電力、龐大計算能力，以及分析對手每一步棋路的 AI 超越。然而，這仍顯示人類憑靠「直覺」的能力不容小覷。

換言之，當我們不斷尋覓，看過各式各樣的房屋，其實已在潛意識中，慢慢建立判斷優良物件的基準。某些物件很好、某些物件不好，這種直覺會內化為自己的經驗，建立出判斷的基準點，最後在潛意識中進行研究、比較。即使這種依據無法化為言語表達出來，卻意外地值得我們信賴，請大家將這一點牢記在心。

那麼，好不容易挑選出幾間符合心中理想的房屋，在比較功能與價格之後，發現各有優缺點時，該如何決定比較好呢？

有一位非常照顧我的小山薰堂先生，雖然他與挑選房屋沒有直接關係，但我想介紹他帶領的 ORANGE AND PARTNERS 公司，在決定接下工作之前的判斷指標。

ORANGE AND PARTNERS 公司在接下工作之前，會根據 3 項問題作為是否承接的標準：

這項工作是新的嗎？
這項工作會帶來快樂嗎？
這項工作為誰帶來幸福？

我把這 3 項問題中的「這項工作」置換為「這間房屋」，即可協助我們評估房屋的情感價值。

首先，我們來思考「這間房屋是新的嗎？」這句話。這個問題的意圖，並不是指建築物夠不夠新，而是我們可以試著想像，如果住在這間

房屋，它能否為自己或家人帶來全新的生活與工作型態？

通常，我們離開居住已久的地方，搬遷到另一個地區的新家，按理說應該會帶著新希望才對。除非是突然調職這一類的外在因素，不然就是對原本的住家或生活與工作的方式感到不滿意，否則不會刻意搬到另外一個地方吧。

每個人移居的原因都不同，有人不想再依賴父母而搬出去一個人生活；有人則是因結婚搬家與伴侶一起居住，也有人是因為家中成員增加或減少。然而，無論動機或原因為何，當事人多少一定會期待，希望透過移居改善生活與工作。因此，第一項問題的意圖，就是請當事人憑靠直覺判斷，這間親自挑選的全新房屋，是否能夠滿足內心的期待。

其次，第 2 項問題是「這間房屋會帶來快樂嗎？」。

在新家度過生活時光，是否能感受到快樂？心中是否能浮現出自己與家人在新家一起快樂生活的美好畫面？這些都是非常重要的因素。

隨著個人不同的嗜好，在家中保有一個屬於私人的休閒娛樂空間，就成為 COVID-19 疫情中受到重視的事。另外，當我們想到快樂時，也應該一併考量家裡以外的周邊環境，是否有從事休閒活動的場所。

例如，對於喜愛衝浪的人來說，如果住家靠近能夠衝浪的海邊，這個環境就是極具吸引力的一大誘因。或者，如果喝酒的場所離家裡不遠，對於愛跑酒吧或想找一間固定酒吧的人來說也非常重要。

像這樣，如果在心中預先描繪出快樂生活的理想畫面，當我們實際參觀房屋及其周邊環境時，就能判斷是否符合自己內心的期待與想像。

最後，第 3 項問題是「這間房屋為誰帶來幸福？」。

住家中最重要的，就是住在這個空間的自己與家人能不能感到幸福？而這種幸福，又是屬於哪一種幸福呢？

對每一個人而言，幸福的關鍵時刻也都不盡相同。比方說，有很多人認為，只要全家齊聚一堂，就是最幸福的瞬間。也有人覺得，工作告一段落後，能舒服地坐下來好好品嚐一杯咖啡，就是最幸福的時刻。

　　如果再仔細研究，從提升居家幸福時光的觀點來看，有人相當重視室內設計風格、家中各項物品的陳設布置，或是將明亮的戶外光線引入室內等。因此，倘若添購自己喜歡的傢俱，或者改變室內裝飾的風格，也是為自己創造幸福的一種方式吧。

　　另外，還有 1 項容易被疏忽的重點，那就是為平常不住在家裡的人著想，為他設計出幸福的空間。

　　例如，住在遠方的父母或親戚來訪時，是否能讓他們有賓至如歸的感覺？朋友來家裡歡樂暢飲時，住家是否妥善規劃私人與公共動線？對於家中經常有訪客的人來說，應仔細評估這些重要的項目。

第 **8** 章

設計新生活

當我們思考如何運用住家時，
應該重視住家對我們的生活發揮了哪些功能；
這些功能又屬於住家中的哪些區域。
讓我們逐一檢視，這些區域是否承擔了這些功能。
本章將整理這些重點，
請大家一起思考實際情況。

思考符合「新日常」的生活

　　上一章介紹了 COVID-19 疫情發生後，我們的住家應具備的 5 項主要功能，以及 2 項輔助功能。本章將繼續探討相關的詳細內容，首先我們再次重述這些功能。

> **5 項主要功能**

- **Relax**
  休息睡眠，或者日常生活的基本功能：餐桌、床鋪、廚房與衛浴設備、電視機、電腦、書櫃、收納置物空間等。
- **Eat**
  烹調料理，或者飲食場所的功能：廚房、餐桌等。
- **Play**
  娛樂，或者運動場所的功能：電玩遊戲機、電腦、音響設備、書櫃、廚房、瑜伽墊等。
- **Work**
  工作或作業的功能：使用電腦時的桌子、工作椅、文件櫃等。
- **Learn**
  學習的功能：書桌、椅子、書櫃等。

⊏ COVID-19疫情前的日常

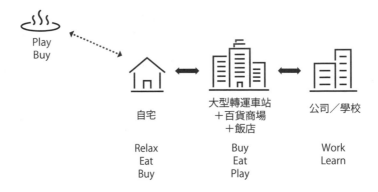

Play
Buy

自宅

大型轉運車站
＋百貨商場
＋飯店

公司／學校

Relax
Eat
Buy

Buy
Eat
Play

Work
Learn

2 項輔助功能

- **Buy**
  生活中，購買必需品或奢侈品的功能：能夠進行網路購物的基本設備（電腦、無線網路設備等）。
- **Earn**
  為了生活可以賺錢的功能：如果把住家作為民泊旅宿時，住家就是賺錢的工具。

COVID-19 疫情前的日常

COVID-19 疫情發生前，很多場所滿足了我們的生活，而關於這些場所的變遷，我將以住在東京市中心的上班族為例，仔細觀察他們在疫情前的典型日常生活。

首先，再次回顧 COVID-19 疫情爆發之前的日常生活。平時，我們每天會從家裡出發，前往車站搭乘電車，通勤到東京市區的公司展開一天的工作。

一般認為，COVID-19 疫情發生以前的生活方式，就物理性質而言，公共空間與私人空間在功能上是分開的。通常自己的家只是滿足 Relax、Eat 等生活基本功能的場所。過去人們每天到公司或學校的前提下，我們不曾想過 Work、Learn 需要在家裡完成。

　　Buy 方面，儘管 COVID-19 疫情發生以前，人們早已習慣網路購物的模式。但即便如此，大部分的人還是喜歡去實體店鋪購物。因此，大型轉運車站附設的百貨商場或購物中心，就成為大家假日休閒生活中的最佳去處，不僅只有 Buy，還可作為享受外食與娛樂的好場所。

　　最後是偏遠地區的觀光景點，通常大家 1 年只會去個幾次，或者在特別的時刻，前往這些景點旅行。上述這些情況，都是我們對於疫情爆發前的一般認知。

COVID-19 疫情中的日常

　　隨著 COVID-19 肺炎感染人數擴大，原本的日常生活，瞬間出現 180 度大轉變。

　　在日本政府發布「緊急事態宣言」後，東京市區的各區地方政府隨即呼籲民眾，若非急迫或重要事務，應避免外出，並且要求企業落實居家辦公。因此，許多人都在家裡完成一切與生活相關的事務。

　　特別是 Work，企業在 COVID-19 疫情爆發之後，原本需要每天到公司上班的工作方式，突然產生截然不同的轉變。日本政府呼籲民眾自律，盡量避免外出的期間中，很多人都是初次經歷所謂的居家工作；而學校的課業也全面改成網路授課。

⌐ COVID-19疫情中的日常

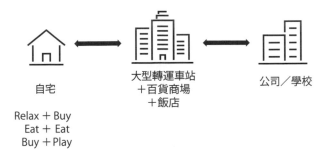

自宅

Relax＋Buy
Eat＋Eat
Buy＋Play

大型轉運車站
＋百貨商場
＋飯店

公司／學校

購物來說，越來越多人改為網路購物，餐點同樣也透過網路送餐平臺送到家裡。

關於娛樂的場所，許多業者試著推出在家就能享受樂趣的服務。例如，消費者在家裡可自行 DIY 的商品，或必須親手費一番工夫烹調的料理。在自律不外出的期間裡，很多人把網路影音平臺當作主要的休閒娛樂，用戶也因此急遽增加。

像這樣，受到 COVID-19 疫情的影響，1 天 24 小時大多都在家中度過，因此人們對住家功能的要求，也更趨向於多元化。

COVID-19 疫情後的日常

一旦 COVID-19 疫情結束，人們大概會在短期內，恢復疫情以前的生活與工作的型態吧。特別是對遠距工作效率產生質疑的企業，也會優先考慮恢復疫情發生之前 1 週 5 天到公司上班的規定，以及過去習以為常的商業運作模式。

但另一方面，COVID-19 疫情期間，採取全新的工作模式，依然維持良好成效的企業，將會展開全新的日常並仔細觀察其變化吧。

具體而言，這些企業會保留疫情期間的工作方式，減少員工到公司工作的日數，但仍維持各項業務順利運作，並加速投資電腦硬體與遠端工作環境的整合。此外，還會縮減東京市區租金昂貴的辦公室規模，即刻採取企業與企業之間使用共享辦公室的策略。

⌐ COVID-19疫情後的日常

任職於這些企業的員工也會開始摸索，妥善規劃住家空間以及善用附近的共享辦公室，打造出更舒適、更有效率的工作環境。

企業開始採取這種工作模式後，將使員工從原本偏重東京市中心的生活，逐漸擴散到市郊的住宅地區或其他偏鄉地區。因此，我們可以預測，人口分散到其他地區之後，更容易為地方增加餐飲或娛樂等經濟發展的機會，為地方都市的不動產價值帶來正面影響。

不久的將來，如果選擇兩地居住的人口增加，就表示我們可以把兩地區分為工作場所，以及具有賺錢功能的場所。

　　當我們選擇雙地居住時，其中 1 間或 2 間房屋，在沒有使用的情況下，就可以作為民泊旅宿出租給其他人，賺取被動收入。

　　儘管這些收入不足以維持基本生活，但如果能賺到第 2 間房屋的管理維護費用與零用錢，也有助於減輕生活上的開銷負擔。

規劃住家的生活區域

談到這裡，我們應該都能了解，在 COVID-19 疫情過後的社會，我們的生活、工作型態，可能出現巨大的變化。面臨如此巨變的到來，我認為在規劃住家空間時，我們應透過兩個觀點去思考。

所謂「分區」（Zoning），就是設計空間時我們應思考的基本原則，意即區分出空間（房間）的功能與目的。

第一個觀點：當我們規劃住家空間，應大致區分出私人活動區域與公共活動區域

在住家具備的五項主要功能中，Relax、Eat、Play 應屬於私人活動區域；Work、Learn，以及把自宅當作民泊或以小時為單位出租給其他人的輔助功能 Earn，則屬於公共活動區域。

之所以要區分出公共區域與私人區域的理由，是為了不讓兩個空間混在一起，居住者能夠隨意切換運用。因此，應盡可能避免在寢室內工作或開啟視訊會議。

另外，如果把住家當成工作室對同事開放，或者對外開放作為民泊旅宿使用時，應事先做好心理準備，即使是私人空間，也有可能會成為開放的公共用途。

關於這一點，我想舉出一個具體的例子來說明。

把自己家裡的空房間出租給其他人使用，此稱之為居家型民泊，也就是接受陌生人到自己家裡居住的一種型態。在此情況，當外人在家期間，家人與旅客之間就必須區隔出空間的界線。

大概會有很多人認為，再怎麼樣也絕對不可能把家裡出租給其他人。然而，即使我們決心要住在家裡一輩子，也有可能會因為某些理由而必須搬家，或因為老年生活無法自理而進入安養機構，這些都是極有可能發生的事情。

因靠著民泊或時租提高收益的房屋物件，即使屋齡較老舊也無損建築物本身的資產價值，再加上以旅宿設施所獲得的評價，即可走出一條不同於目前房屋市場的交易模式。換句話說，就是住家能作為提高收益的物件，以本身的價值再加上收益性的方式，獲得更高的資產評價。

第二個觀點：為家族成員保留每一個人能獨處的空間

請想像家人需要工作或念書上課，也就是居家進行公共活動時的情況。比方前面章節介紹加奈子的故事中，他們的家庭成員是雙薪夫妻加上 1 位孩子，1 家 3 口同住在一起。因此，有可能會在同一個時段，出現夫妻需要與公司或客戶開視訊會議、孩子需要網路上課的情況。此時，為了在不干擾彼此的情況下，能專心完成自己的事情，應確保每一個人的獨處空間。

另外，還有一種情況也很常見：夫妻有一方想要有娛樂的房間，或者只是單純想要能獨自好好放鬆的房間。

特別是居家的時間一旦變長，家人彼此相處的時間也就越來越長。重點在於，即便是家人，也必須妥善規劃家裡的空間，以確保每一位家人能擁有私人的空間。

規劃住家生活區域時的 4 項重點

當我們規劃住家的空間時，無論是 1 間或 2 間房屋，都必須注意並做好以下圖示中的 4 項重點。

POINT 01

整理出居家生活中
Relax／Eat／Play／Work／Learn／Earn
這些功能項目的重要程度

①主要的活動項目有哪些？
②這些活動項目是否能透過網路完成？
③是否希望這些活動項目在家裡進行？

POINT 02

為住宅內的空間分配功能

POINT 03

盡可能規劃出多用途的空間

POINT 04

每個房間放置符合該功能的物品（動產）

重點 1：整理出居家生活中，Relax ／ Eat ／ Play ／ Work ／ Learn ／ Earn 這些功能項目的重要程度

第 1 項重點，是在住家應具備的 5 項主要功能裡，加上 Earn 後共計 6 項，我們應從這些項目中，整理出滿足自己對住家功能要求的重要優先順序。由於在家裡的任何地方都能透過網路進行 Buy，並不需要保留特定空間，因此將它排除在外。

在評估每項功能的重要程度時，請先回答以下 3 點提問，將更有助於我們釐清頭緒。

①在家裡進行這些活動項目時，哪項最為重要？

首先，在這 6 項功能中，哪項功能是我們在家活動時最重要的，請整理出這些功能重要程度上的優先順序。

而關於重要程度，應考量時間上的重要程度（1 天裡花多少時間進行這項活動？）、心理上的重要程度（這項活動對自己而言有多重要？）。

基本上，如果在家裡從事這項活動的時間很長，就表示時間上的重要程度較高，因此必須規劃出這項活動的專屬空間。

比方說，在 COVID-19 疫情前的生活中，一般人平日白天會去公司上班，所以住家功能裡占比最重的項目是 Relax，也就是睡眠。

許多人為了確保舒適的睡眠品質，於是把最重要的項目放在能夠安然入夢的寢室。

另一方面，在嚴峻的疫情中，人們待在家裡不外出的期間，雖然 Relax 的時間並沒有減少，但居家 Work 與 Learn 的重要程度卻相對

增加。過去，一般人沒有居家工作的習慣，在疫情下的居家辦公期間，許多人覺得沒有辦公桌、椅是相當困擾的事。為了因應疫情下生活與工作方式的轉變，在家裡進行特定功能的時間增加，於是住家功能的重要程度及其優先順序也出現了變化。

然而，我們必須了解，每一個人對時間上的重要程度皆不相同，因此無法一概而論。例如，幾乎所有的人都認為，Relax 中的睡眠項目，在時間方面的重要程度相當高。但是，需要經常往返世界各地的飛行機師或攝影師，即使 COVID-19 疫情對全世界造成衝擊，他們的工作仍必須前往世界各地。所以對這群人而言，Relax 中的睡眠項目在家裡的優先程度就會較低。

在重要程度上必須考量的另一項目，就是配合心理層面的重要程度，確保所需的空間場所。請試著思考以下的情況──無論平常有多麼忙碌，很多家庭都非常重視全家人一起吃早餐，因此住家一定要有飯廳，以確保用餐的空間。

另外，也有人認為盡情地泡在浴缸裡，才是放鬆、消除疲勞的最好方法，所以應該會選擇附有大間浴室的房屋。

②這些活動項目是否能透過網路完成？

第 2 點主要是協助我們釐清，居家生活的必要的項目中，哪些可以透過網路提升效率，哪些則是相反。

首先是 Work 的網路化。在目前的住家或新家裡，當我們進行居家工作時，是否真的具有高效率，釐清這一點非常重要。例如，在家裡進行事務性質的工作，應該能發揮出極佳的效率。另外，在醫院工作的醫師或護理師，原則上這類型的職業，工作時仍必須待在醫療現場。在 COVID-19 疫情過後，儘管他們對於住宅功能的優先程度不會改變，不

過目前已有許多醫院，紛紛導入了網路視訊系統，提供病患看診時另一種選擇。

其次是 Play。如果是藉由網路滿足的嗜好或娛樂，就必須思考是否應規劃出兼具 Relax 與 Play 功能的空間場所。

例如，觀賞 Netflix 或玩網路線上遊戲，這些服務項目皆以居家娛樂為主，建議可規劃一個專屬空間，或是與客廳這類生活起居空間重疊也不錯，可隨著個人的生活方式進行調整。

另外，像高爾夫球、衝浪、釣魚、露營等興趣，雖然應規劃放置器具的空間，但是這些活動本身無法在家裡進行，因此相較於規劃專屬空間，這些活動項目比較受限於住家地點，以及住家與活動地點之間的距離影響。

③是否希望這些活動項目在家中進行？

在 COVID-19 疫情的非常時期裡，我們規劃住家空間與生活相關的所有功能中，是否希望這些活動項目都在家裡進行？平時，若能在住家以外完成且更有效率的項目，其實就沒有必要在家裡進行了。應該考慮這些項目如同往常一樣，在家裡以外的場所完成。

例如，即使企業同意員工在公司辦公室以外的地方完成工作，但僅限於每個月 1、2 次，而且如果員工家中有幼兒，想要落實平日的居家工作，就不太符合實際需求。因此，在這樣的情況下，與其特別保留居家工作的空間，不如根據實際情況，善用家裡附近的共享辦公室，對工作與生活會更有效率。

另外關於用餐方面，平時親自下廚與習慣外食的人，重視家中廚房或餐廳空間的程度，自然有非常大的差異。然而，在 COVID-19 疫情爆發之後，越來越多人開始居家工作。即便是過去不下廚而以外食為主的

人，也會為了三餐，不得不開始重視家中必須設有廚房與用餐的空間。但儘管如此，還是可以根據每個人的實際需求，運用住家附近的外帶餐廳或網路外送來彈性應變。

重點 2：為住宅內的空間分配功能

接下來的重點是，為我們家裡的格局與空間，分配出方便生活的各項功能。即使只有 1 廳格局，但如果有足夠寬敞的空間，就能規劃出多用途的功能。例如，在客廳的一角設置工作用的桌椅，將這個區域當作居家辦公室。

只不過，誠如前文所述，倘若房間的數量充足，那麼主要功能中的私人區域（Relax ╱ Eat ╱ Play）與公共區域（Work ╱ Learn）最好區分在不同房間，或是分配到另一個據點，如此一來比較容易轉換心情。

另外，我想特別提醒一點，即便是充當私人區域的空間，也可根據自己不同的生活、工作方式，靈活調整為公共區域。其中，最典型的例子，就是在雙地居住時，暫時不使用的房屋如果空間夠寬敞，即可考慮以民泊或時租的型態出租給他人，提供外地旅客過夜時使用。但如果房屋空間不夠寬敞，也可考慮只出租寢室。像這樣，就算是私人空間感最強的寢室，也不會僅作為私人區域用途，而是能夠靈活運用在公共區域上。

重點 3：盡可能規劃出多用途的空間

第 3 個重點是，當我們在整理區域、分配功能時，盡可能挑選出 1 間房間——若有困難，只有房間的局部空間也沒關係——作為多功能用途的空間。

當我們開始規劃房間的功能時，容易傾向所有的房間、空間都具有某項特定功能。然而，如果有 1 間房間或 1 間房間的局部空間，不賦予特定的功能，而將它作為多功能用途，在運用上就會非常便利。

有了可以自由運用的空間，如果遇到像這次無法預料的 COVID-19 疫情發生時，就很適合用來緊急應變。

我家的玄關處有個小小的空間，我擺放了一張單人椅和小桌子。平時我會坐在此處發呆或看書，把它當作轉換心情時的空間，但根據不同的情況，我偶爾也會在這個地方工作。

另外，在選擇房屋時，我們必須重視人生階段這一項因素。

比方說，孩子的人數增加、與父母親一同居住，或孩子長大在外獨立生活，只剩下夫妻兩人居住。每當我們的人生遇到不同階段時，若房屋的空間不夠充裕或無法彈性調整，不足以應付家庭成員變化的需求，就必須面臨搬家的選擇了。

當然，如果房屋是用租的，就能配合人生階段搬家。只不過，我們必須考量，今後的社會，人與地區的連結關係依然非常重要。即使房屋只是租來的，我仍然希望大家在挑選時，盡可能選擇滿足人生各階段變化、可調整並能容納全家人的住家。因此，我們應重視擁有一棟空間充裕的房屋。

重點 4：每個房間放置符合該功能的物品（動產）

當我們決定一間房間的功能，在分區規劃完成之後，是否真的能夠讓生活的步調變得更順暢呢？我認為應該預設一段時間實際驗收成果。

我們心目中的理想生活方式，有時候與實際上的生活，會出現相當

大的落差。例如，在建造房屋時，我們設計某個地方作為收納用的空間，本來以為會很方便，然而實際使用過後卻非常不方便，最後反而閒置不用，相信很多人應該都有這樣的經驗吧。

同樣地，我們順著自己的想法規劃，區分房屋裡私人與公共的空間之後，可能會發現實際運用時不如預期。這時我們必須保持耐心，不斷地試著去調整，直到符合自己原來的期望。

在嘗試錯誤的過程中，最終確定各個房間及區域的功能，接著就可以把象徵該功能的物品置於該區域，完成房間的裝飾陳設。

我們應特別重視私人區域與公共區域在空間上的功能特性。比方說，在工作專用的房間或區域，應添購工作專用的辦公桌椅。尤其切忌在該區域擺放會使工作分心的物品，譬如漫畫、遊戲機或個人嗜好的物品。相反地，在私人區域空間，應盡量避免放置與工作有關的書本、文件。從小地方著手，在有限的居家空間之中，明確劃分每一個區域的公、私領域，是非重要的事。

透過實例了解房屋的分區規劃

　　到目前為止，我們談論了房間的規劃方法，有很多地方描述得較為抽象，或許不太容易想像。因此，接下來我將以實際的例子，根據一般的室內格局平面圖來介紹說明。

　　我們以加奈子這對夫妻＋孩子的 3 人小家庭為例，一起來思考。假設他們居住的房屋格局為 2 房 2 廳，從 COVID-19 疫情發生之前居住到現在的變化情況。

　　首先要思考的是，這個家庭的居住方式，在 COVID-19 疫情的影響下，產生了什麼樣的變化？

　　請參考疫情前的房屋格局平面圖 A（如 167 頁圖示）。在這個時期，人們不曾想過 Work 會需要在家裡進行，因此一般人在房屋空間的運用上，主要皆以達到 Relax ＋ Eat ＋ Play（＋ Learn）為目的。我之所以把 Learn 放在括號裡，是代表孩子雖然偶爾會在家裡念書，但學習時間仍以學校或補習班為主，所以這項功能是在家裡以外的地方進行。

　　另外，我認為在一般的家庭裡，孩子都會在自己的房間念書。然而，如果房間裡同時重疊學習這項公共活動，以及睡眠這項私人活動，就會很難把這 2 項活動明確地區隔開來。

　　接著看平面圖 B。時空背景是在日本政府呼籲民眾自律，應避免外出的期間，所有的活動都被迫在家裡進行。

　　顯然，孩子的寢室成為了睡覺與線上課程的空間，私人與公共活動

的界線也變得非常模糊。而夫妻居家工作的場所，有時與 Eat 的餐廳重疊，有時又與 Relax 的寢室重疊，導致這些空間難以區分出公、私領域。

最後，平面圖 C 代表自從 COVID-19 疫情發生後，大家很自律地待在家裡過了一段期間，因此居住者對住家格局也根據實際需求，規劃出不同功能的空間。

居住者準備了工作用的電腦桌椅，精心規劃出公共與私人活動的區域，不將客廳廚房與夫妻寢室視為單一功能，而是按照實際需求，以時段區分出私人活動（Eat ／ Relax）與公共活動（Work ／ Learn）等功能。另外，休閒娛樂空間則集中在孩子的房間進行。如此一來，孩子的課業學習與玩耍，就能明確地區分在不同的空間。

只不過，即使已經規劃好各個功能的空間，但如果受限於房間的數量，勢必會影響到必須同時進行的線上會議與線上課程。

規劃住宅格局各項功能的變化

圖A：COVID-19疫情擴大前

圖B：自律避免外出期間

圖C：後疫情的期間

理想的居住方式 1

東京市中心＋東京市中心
雙據點（三軒茶屋）

如同前面所述，在新日常時代，即使以 2 房 2 廳的格局分區規劃，試圖實現多功能的住宅、過著舒適的生活，依然會有所侷限。

因此，我們可積極考慮另外一種選擇。具體來說，就是搬家或再增加另一個據點。為使各位讀者產生更具象的畫面，接下來我將根據實際的情況，設定區域與房租費用。

以前案為例，假設 3 人家庭居住的 2 房 2 廳房屋位在東京都世田谷區，距離三軒茶屋車站約徒步 5 分鐘左右，是屋齡 5 年的公寓房屋。

實際上網搜尋符合這項條件的物件，2 房 2 廳每個月房租約為 22 萬日圓（2020 年 8 月，透過 SUUMO 房屋網站搜尋的租屋平均價格）。

有人可能會覺得每個月 22 萬日圓的房租太貴，但年度所得超過 1,000 萬日圓的雙薪家庭，這項負擔應該在尚可接受的範圍（順帶一提，按年度所得計算出可負擔的房租標準，約為實領月薪的 25%，因此年度所得 1,000 萬日圓的可負擔房租，約落在 20.8 萬日圓）。

我們在三軒茶屋車站附近，找到了相同房租水準的房屋物件。首先，假如不再堅持屋齡較新與靠近車站旁的房屋，改為尋找空間較寬敞的房屋，結果將會如何呢？試著搜尋步行距離車站 10 分鐘的物件，找到了屋齡 30 至 40 年的房屋，每個月的房租為 17 至 20 萬日圓，比前個物件還要便宜，而且格局是 3 房 2 廳，室內面積為 70 至 75 平方公尺。

以 3 房 2 廳的格局來看，倘若是夫妻＋孩子的 3 人家庭，就能騰出

1 間房間，作為 Work／Learn 的專用房間。假設 3 個人必須在同一個時段進行線上會議與線上課程時，夫妻分別使用 Work／Learn 的專用房間與客廳，而孩子則使用自己的房間（儘管不能稱之為綽綽有餘），就能在互不干擾的情況下各自順利進行。

此外，若房屋能符合法律規定的必要條件，可視情況把 Work／Learn 的房間，作為民泊旅宿的用途出租給他人，獲得額外的收入。

接下來，從公共與私人活動分開的觀點，我們選擇東京市中心＋東京市中心雙據點，並思考實際的情況。

⌐ 搬到3房2廳的室內平面圖

在不更改三軒茶屋這個地區以及房租預算（22 萬日圓／月）的情況下，看看是否能找到雙據點。具體的做法是，尋找比目前居住條件稍差的 2 房 2 廳以及套房。

搜尋的時間點為 2020 年 8 月，透過 SUUMO 房屋網站，尋找距離三軒茶屋車站徒步 15 分鐘以內，屋齡 20 年以上的物件。結果找到了月租 15 萬日圓，室內面積為 50 平方公尺的 2 房 2 廳房屋。另一間套房則不拘泥屋齡，鎖定距離車站徒步 5 分鐘以內的物件，最後找到月租 6 萬日圓，室內面積 14 平方公尺的房屋。因此，我們確定能在預算以內，找到雙據點的房屋。

⊡ 搬到2房2廳＋工作室平面圖

以私人活動為主

以公共活動為主

租下雙據點之後，房屋格局的運用，比起只租單個據點的3房2廳，更具有彈性。具體來說，私人活動的功能可集中在2房2廳的房屋，而Work／Learn 等公共活動功能則集中在套房。

不過，2房2廳的房屋也能藉由分區的方式，規劃出 Work／Learn 的空間。如此一來，即可將其定位為，夫妻剛好同時需要居家工作的預備空間，以備不時之需。

此外，套房也可視情況分享給居住在附近的同事或朋友，也能作為民泊旅宿靈活運用，如此一來，就能夠節省更多的租屋成本。

理想的居住方式 2 ─────────

東京市中心＋偏鄉地區
雙據點（三軒茶屋＋地方區域）

─────────

接下來，我們思考另外一種居住方式，也就是保留原來三軒茶屋的據點，再選擇持有另外一個偏鄉地區的據點。

在前面介紹的例子中，第 1 個據點是三軒茶屋每個月房租 15 萬日圓、室內面積 50 平方公尺的 2 房 2 廳房屋。第 2 個據點則同樣位在三軒茶屋，每個月 6 萬日圓、室內面積 14 平方公尺的套房。那麼，我們就保留第一個據點，並使用此套房每個月 6 萬日圓預算，試著尋找其他地區的房屋物件，作為第 2 個據點。

透過租屋資訊網站搜尋，我們發現月租 6 萬日圓的預算，能在那霸或札幌等地區的地方主要都市，租到室內面積 20 平方公尺左右的套房。另外，距離東京市區相對較近的觀光地區，例如箱根地區，如果不拘泥屋齡 40 至 50 年的老舊房屋，就能以每個月 6 至 7 萬日圓的預算，租下室內面積達 50 平方公尺且附設溫泉的度假公寓。如此一來，對於想利用休假期間前往度假勝地，或者喜歡溫泉的人來說，可說是一項極具吸引力的房屋物件。

但另一方面，儘管能以便宜的預算，在地方都市租下第 2 個據點，但如果沒有時間前往，就形同浪費金錢。因此，在做出決定以前，應加以審慎評估。

我們之所以比較容易有效運用偏鄉地區的第 2 個據點，是因為除了能在當地工作或從事副業，也能經常體驗當地的各種戶外運動，例如衝浪、滑雪、登山、泡溫泉等活動。

但是，如果沒有每逢假期就想前往第 2 個據點的強烈念頭，將來也沒有移居的打算，儘管一開始會找時間前往，但是時間一久，漸漸失去興趣，最後就不再前往了。若是這樣的情況，我認為倒不如住在飯店裡，反而既便宜又方便。

此外，如果想解決東京市中心＋偏鄉地區雙據點可能產生的超支問題，另一個解決的方法，就是平時當作民泊旅宿出租給他人，藉由偏鄉地區的房屋賺取收益。

比方說，在沖繩那霸市區，不到 10 萬日圓即可租下 2 房 2 廳的房屋物件。透過 Airbnb 系統進行設定，出租給 4 名旅客，每晚價格為 15,000 日圓，只要每個月租出去 10 天，就算扣除各項費用，仍可回收每個月付出去的房租。

我認為大家應該思考，在中長期的未來，隨著共享經濟快速地發展，這種新型態的居住方式以及商業模式，可能會變得越來越普遍。

理想的居住方式 3

在郊區市鎮或郊外地區
確保單個空間寬敞的據點

　　以上介紹的，都是在家庭年度所得 1,000 萬日圓以上、每個月能支付 22 萬日圓房租的前提下而思考的例子。在東京都，家庭年度所得在 1,000 萬日圓以上的比例，占整體的 28.5%。相較於其他區域，雖然比例非常高，但對大多數住在東京的人來說，或許會覺得這項負擔超過能力所及。

　　因此，我將以東京都的家庭平均年度所得 600 至 700 萬日圓為基準，以此年度所得計算出可負擔每個月 12.5 至 15 萬日圓的房租標準，尋找能夠租到什麼樣的房屋。

　　搜尋時間點在 2020 年 8 月，以每個月 12.5 萬日圓的預算，能在三軒茶屋租到屋齡 15 年以上，室內面積 33 平方公尺的 1 房 1 廳或 2 房 2 廳的房屋。

　　假設一家 3 口住在這種大小的房屋，並要求它必須發揮居家 Work 等功能，實在是過於勉強。因此，我們可以考慮變更地區，尋找東京 23 區裡稍微便宜一點的住宅區。

　　我們以加奈子搬遷到練馬區為例，如果不再堅持屋齡較新與靠近車站旁的房屋，就能找到每個月房租 15 萬日圓，室內面積 70 平方公尺的房屋物件。

　　甚至，如果沒有堅持非得住在東京市中心不可的理由，可以考慮另外一種居住方式，也就是在神奈川縣、千葉縣、崎玉縣這些郊區市鎮，

選擇單個空間寬敞的據點，可說是符合實際需求的一項方案。

比方說，神奈川縣的鐮倉、葉山、江之島等廣受歡迎的地區，或崎玉縣的和光市、大宮市等，從這些地區到東京市區的交通都還算方便，生活環境也非常良好。

因此，我們假設一家 3 口離開東京都，搬遷到這些受到大眾歡迎的地區。或許橫濱、鐮倉、葉山會給人一種到處都是高級住宅區的印象，但是如果聰明選擇區域，就能省下預算，租到比東京市區還要便宜的房屋。

例如，搜尋距離鐮倉車站步行約 15 分鐘的房屋物件，大致能租到每個月 15 萬日圓，屋齡 20 至 30 年，室內面積 80 至 90 平方公尺的 3 房 2 廳房屋。另外，片瀨江之島車站的沿岸地區，儘管房租價格稍高，但也能以每個月 17 至 18 萬日圓的房租價格，租下距離車站徒步 10 分鐘以內，由大型建商建造、屋齡在 20 至 30 年的房屋物件。

進一步尋找更經濟實惠的房屋物件，也可以在橫濱車站徒步可抵達的範圍內，找到月租 13 萬日圓，室內面積 60 平方公尺左右的房屋物件。甚至，還能以不到 13 萬日圓的預算，在鐮倉市的大船車站徒步 20 分鐘的距離，找到屋齡 10 年以上，室內面積 65 平方公尺的房屋物件。

住在這些地區，只要駕駛汽車或搭乘電車，大約 10 分鐘左右即可抵達橫濱中華街或橫濱港未來 21，以及鐮倉的小町通等受到大眾喜愛的觀光景點。因此，在這裡生活，能夠充分感受到居住的價值。

若再擴大視野，更可以考慮距離更遠，選擇居住在廣受歡迎的地區，譬如輕井澤、箱根、那須等別墅地區。本書前面曾介紹移居到輕井澤的例子，敬請大家參考。

我們以租下輕井澤的別墅房屋為例，搜尋距離輕井澤車站車程 15 分鐘的物件，可以找到月租 13 至 15 萬日圓，室內面積 60 至 80 平方

公尺的別墅。

只不過，在輕井澤地區，可出租的房屋數量極少，因此也必須將購買中古房屋的選項列入考量。找到滿意的中古房屋後，通常會需要一定程度的裝修。上述的中古別墅價格大約落在 1,000 萬至 2,000 萬日圓，即使加上裝修費用，也比買下東京市區的獨棟式房屋還要便宜許多。

如此一來，搬遷到別墅地區的生活可說充滿魅力。然而，從輕井澤往返東京需要搭乘新幹線，平時生活也需要靠自用車代步，因此在決定前，應做好心理準備，了解必須花費一定的交通費與生活費。另外，倘若喜愛別墅地區的生活，深深感到其中的美好，而工作又不太需要前往東京市中心時，移居也不失為一項好的選擇。

最後，我想舉出住在郊外地區的例子，也就是大眾矚目過去所開發的市鎮郊區。

2000 年開始，許多車站周邊進行都市開發，規劃建造了密集的高塔式住宅大樓區域。例如，加奈子居住的武藏小杉，或是千葉縣的柏市、神奈川縣的東摩廣場等，若搜尋車站附近屋齡較新的房屋物件，即可發現增加了許多 3 房 2 廳，月租約 15 至 18 萬日圓，稍微昂貴一些的房屋物件。

因此，我想請大家把注意力放在距離車站稍遠的地方，也就是 1970 至 1990 年，當時開發為郊區新市鎮的住宅地區，並從這些地區尋找房屋物件。

比方說，距離橫濱市大船車站車程約 10 至 15 分鐘的榮區桂台‧小菅谷地區，這裡能以 11 至 14 萬日圓的月租價格，租到屋齡約 20 至 30 年，室內面積 110 至 130 平方公尺，4 房 2 廳格局的獨棟式房屋。

事實上，我的童年時期也在橫濱市的榮區生活。這個地區距離車站較遠，如果無法自行開車，就很難居住在這個地區。儘管如此，當時這

裡的土地開發得宜，道路也非常寬敞，對生活來說具有加分作用。若能開車代步，前往鎌倉或橫濱的交通就不會那麼不方便了。對於有幼兒的年輕夫妻來說，這裡非常值得認真思考，以居住地區來說是一個好選擇。

理想的居住方式 4

只在鄉下地區擁有據點

　　最後，我們思考的居住方式，將放棄住在東京都的周邊區域，也不選擇觀光地區或別墅地區，而是移居到一般的地方都市。

　　如果位在東京的企業能持續實施遠端工作，而我們的房租預算有12.5 至 15 萬日圓，即可在鄉下地區租到條件優於東京市中心的房屋物件。

　　例如，靜岡縣的三島市。此處有新幹線車站，不僅往返東京便利，鄰近地區還有熱海溫泉，而且距離富士山也很近，擁有極佳的休閒生活環境。試著搜尋這一帶的房屋物件，可租到距離三島車站步行 15 分鐘，室內面積約 100 平方公尺，屋齡 30 年的 5 房 2 廳房屋，月租為 12 萬日圓。

　　另外，在深受年輕衝浪族群喜愛的千葉縣夷隅市，同樣能以月租12 萬日圓，租下室內面積 120 至 130 平方公尺，屋齡 30 年以上的房屋物件。如果往返東京通勤的次數不多，而且又是衝浪愛好者，那麼夷隅市的房屋物件，可說是充滿吸引力的好選擇。

　　正如上述例子，只要我們稍微改變看法，就能在各式各樣的房屋物件選擇當中，確保一定程度的寬敞空間與格局。相信大家應該明白這一點了。

　　最後，該選擇居住哪一個地區才好呢？我認為，答案並非取決於雜誌刊載的熱門排行榜，應根據每一位讀者自身想過著哪一種生活方式？哪一種工作型態？甚至與自身喜愛哪一個地區，都有著密切的關係。

買，還是租？

截至目前為止的例子，為了讓大家容易比較，所有例子皆以租賃的方式說明介紹。然而，如果真的要搬到另一個地方居住，我想應該也有不少人會考慮購屋。

例如，許多人決定住在獨棟式房屋時，不考慮租屋而是購買，原因在於可選擇房屋條件的範圍更廣。另外，也有人在搬到地方都市時，為了想擁有一定程度的寬廣空間，只選擇買下中古獨棟房屋，或者買下土地，自行建造全新的房屋。

COVID-19 疫情造成的影響，讓許多人開始重新審視自己生活與工作的方式。就結果而言，考慮購買房屋的人似乎有增加的趨勢。

在 COVID-19 疫情發生後實施的調查中，有關 COVID-19 肺炎感染擴大對人們尋找房屋的影響，在所有正在考慮的受訪者中，7% 的人表示「停止考慮」；24% 的人回答「暫時停止尋找房屋，先靜觀其變」。

而 34% 的人表示「沒有影響」，占比最高；「疫情成為尋找房屋的動力」為 16%；「因為疫情才產生尋找房屋的念頭」則占 15%。儘管為了「居家工作」才產生購屋念頭的人僅占 8%，但一般認為，隨著今後遠端工作的普及化，購買房屋的比例也會隨之上升。

在新日常時代裡，我們預測大家對購買房屋的想法，將有別於過去的判斷標準。過去的主流價值觀，通常是選擇有品牌價值的熱門地區，以維持一定的資產價值。但是從現在起，將會有越來越多人改變想法，

重視自己是否喜愛該地區、生活中是否有充實感。

另外一項重點，則是購買獨棟式房屋或公寓住宅的考量。

從疫情中實施的一項調查結果，可以看出整體趨勢。在有意購買房屋的人之中，比起選擇距離車站較近的房屋，反而更加重視房屋是否有寬敞的空間；相較於選擇公寓住宅，則更傾向於購買獨棟式房屋：

- 「選擇獨棟式房屋」為 63%，比起前一年 12 月調查結果增加了 7%。

- 「選擇有寬敞空間的房屋」為 52%，比起前一年 12 月調查結果增加了 10%；「選擇距離車站較近的房屋」為 30%，比起前一年減少了 10%。

- 在通勤時間的意願調查中，「選擇 15 分鐘以內的自行車、徒步方式」，比例為 28%，比起前一年 12 月調查結果減少了 7%；「選擇 60 分鐘以內的大眾運輸工具／超過 60 分鐘的大眾運輸工具」的比例為 34%，比起前一年增加了 10%。

此外，如果考慮選擇雙據點時，主要居住的房屋物件以購買方式持有，次要的房屋物件則以租賃方式持有，或與他人以共享方式持有，這些都是可行的做法。

決定持有雙據點之後，當然就需要付出兩間房屋的成本費用，如果想買下第 2 個據點的房屋時，應事前釐清為何要以購買的方式持有。

比方說，有些人之所以買下第 2 個據點，是為了當作退休養老之後的定居地。因此重點在於，把第 2 個據點當作定居地時，就必須思考日常生活是否方便？以及有無完善的無障礙設施等問題，確實檢查房屋設施是否符合自己的需求。

另外，就算已經擁有房屋，也必須隨著人生階段（新婚期、育兒期、

孩子教育期、孩子獨立期、老夫老妻期），因應不同時期調整基本需求。

　　最淺顯易懂的例子，就是兩代同住的房屋。最初，在兩代同住的前提下，建造完成的房屋，隨著雙親年邁而告別人世，房屋的一部分將無人居住，變成空屋。在這樣的情況下，儘管是同一棟相連的建築物，但如果各自有獨立的玄關，就能當作隔壁房屋，出租他人賺取收益。

後記

　　到目前為止，我曾擔任地方議員、智慧城市與都市開發的顧問，後來任職於民泊旅宿的網路平臺公司 Airbnb。在緣份的牽引下，我接觸了許多不同的工作。乍看之下，這些職業似乎毫無關聯，然而我在職涯中始終不變的，就是思考「在都市中生活」的價值。

　　COVID-19 疫情爆發之前，人們選擇都市作為生活據點時，首要的判斷標準是方便性與功能性。地方政府與大型建設公司，為提升大眾追求居住的諸多價值，在思考如何建設更有效率的都市系統時，可說是費盡心思。他們運用資訊科技，使都市運作達到最佳效率，這種智慧城市的概念，正是都市系統的極致展現。然而，我在參與智慧城市的都市計畫中，從草創時期開始，總是不斷思考該從何處著手，才能同時兼顧功能、效率與一般正常人的生活。

　　在 COVID-19 疫情爆發後，社會的數位化發展速度加快，網路經濟成為社會活動的主流，我認為這股趨勢不會停止。然而，網路社會的系統，若與我們的真實社會一樣，不停地追求功能與效率，那麼我們的社會，將變成一個難以容身的世界。

　　2011 年 3 月，在東日本大地震發生不久後，我參與一項名為「秋田智慧城市計畫」（Akita Smart City Project）。這項智慧城市計畫的主要概念是「我所打造的環保」，說明如下所述：

　　每一個人皆可運用不同的方式達到環保目的。在秋田智慧城市計畫中，目標並非提出特定少數人決定該如何做的環保生活，而是建立一套系統，期望每一個人設計出各式各樣適合自己的環保生活方式，並且協

助每一個人選擇自己喜愛的方法，同時尊重每一項建議其他人的環保生活方式。

在社會中不斷發展的網路科技，並非為了加強監視我們的生活，也不是藉由人工智慧找到最佳解答，或者無止盡地追求提升效率；而是建立一套更完善的系統工具，協助人們過著多元的生活型態，我認為這一點對現今相當重要。

我撰寫本書的最大動機，就是期盼讀者能從這項觀點思考，並重新審視我們的生活方式與工作方式。

在本書的出版過程中，我由衷感謝 Discover 21 出版社編集部的每一位同仁，不吝給予支持與建議。

本書提出 COVID-19 疫情後的新日常社會中，該如何生活與工作的各項建議。倘若閱讀本書能成為大家思考生活方式的契機，將是我最大的榮幸。

長田英知　　2021 年 2 月

参考資料

● 中小企業白書（2014年版）「第2部　中小企業・小規模事業者が直面する経済・社会構造の変化」
https://www.chusho.meti.go.jp/pamflet/hakusyo/H26/h26/html/b2_2_1_2.html

● 人口統計資料集（2019）「東京, 大阪, 名古屋50キロ圏の人口および割合：1960〜2015年」
http://www.ipss.go.jp/syoushika/tohkei/Popular/P_Detail2019.asp?fname=T09-13.htm

● 上場企業サーチ「日本の各都道府県の株式会社数と上場会社数」
https://xn--vckya7nx51ik9ay55a3l3a.com/analyses/number_of_companies

● 厚生労働白書(18)「第3節 働く場（職場）の変化」
https://www.mhlw.go.jp/wp/hakusyo/kousei/06/dl/1-1c.pdf

● 総務省統計局「労働力調査（詳細集計）2019 年（令和元年）平均（速報）」
https://www.stat.go.jp/data/roudou/sokuhou/nen/dt/pdf/index1.pdf

● 丹下都市建築設計「東京計画1960」
https://www.tangeweb.com/works/works_no-22/

● （公財）ハイライフ研究所＋認定NPO日本都市計画家協会「東京50㎞圏と二地域・多拠点居住の動向」
https://www.hilife.or.jp/urban2015/urban02.pdf

● 国土交通政策研究所研究官 伊藤夏樹「都市のスポンジ化を踏まえた地域による生活サービス等の
マネジメントに関する調査研究（中間報告）」
https://www.mlit.go.jp/pri/kouenkai/syousai/pdf/research_p190529/07.pdf

● 人口統計資料集（2019）「大都市人口の推移：2000〜15年」
http://www.ipss.go.jp/syoushika/tohkei/Popular/P_Detail2019.asp?fname=T09-18.htm

● 東京カンテイ「全国主要行政区2019年マンション化率ランキングおよびマンションストック戸数」
https://www.kantei.ne.jp/report/102karitsu-gyouseiku.pdf

● WIRED「未来、人は『超高層建築』がつくる都市に住む」
https://wired.jp/2015/02/10/next-world-10/

● 東京カンテイ「全国における超高層マンションの供給動向＆ストック数について調査・分析」
https://www.kantei.ne.jp/report/97TM_shuto.pdf

● 東京カンテイ「Kantei eye マンションデータ白書 2019〈首都圏 新築・中古マンション市場〉」
https://www.nomu.com/mansion/library/trend/report/kantei_eye_20200130_6.html

● Morebiz「通勤手段は？ 時間は？ 日本と世界の通勤事情」
https://www.vision-net.co.jp/morebiz/commuting-situation/

● 一般社団法人自動車検査登録情報協会「自動車保有台数」
https://www.airia.or.jp/publish/statistics/number.html

● JTB総合研究所「インバウンド 訪日外国人動向」
https://www.tourism.jp/tourism-database/stats/inbound/

- nippon.com「5月の訪日客、たった1700人：消滅したインバウンド」
  https://www.nippon.com/ja/japan-data/h00756/

- 東洋経済オンライン「9割減便のJALとANA、国内線がここまで戻る意外　会社が見送った今期赤字予想は結局いくらか」
  https://toyokeizai.net/articles/-/359831

- NHK NEWS WEB「新型コロナ イベント中止・延期の経済損失を推計 3兆円余」
  https://www3.nhk.or.jp/news/html/20200629/k10012487251000.html

- Yahoo! Japan ニュース「新型コロナウイルスによる経済への影響を多方面からさぐる(2020年7月18日時点)」https://news.yahoo.co.jp/byline/fuwaraizo/20200718-00188703/

- @DIME「コロナ禍で消費者のデジタルシフトが加速、購買行動が大きく変化する可能性」
  https://dime.jp/genre/919353/

- ダイヤモンドオンライン「アマゾンも勝てない『生協』の貫禄、入会・注文殺到でキャパオーバー」
  https://diamond.jp/articles/-/241071

- 日本経済新聞「ウーバーイーツでローソンの配送、1位はからあげクン」
  https://www.nikkei.com/article/DGXMZO61434560T10C20A7000000/

- 日本経済新聞「最高益Netflix、映画会社の『駆け込み寺』に」
  https://www.nikkei.com/article/DGXMZO58342430S0A420C2I00000/

- CreatorZine「コロナ禍の影響でネット動画利用が大幅増「テレビ視聴が増加」した人を上回る/インプレス総合研究所調査」
  https://creatorzine.jp/news/detail/1200

- マイボスコム「在宅勤務・テレワークに関するアンケート調査」
  https://myel.myvoice.jp/products/detail.php?product_id=26212

- Peatix BLOG「2020年 オンラインイベントに関する調査」
  https://blog.peatix.com/featured/2020_onine_event_survey.html

- PR TIMES「〈コロナ禍のテレワークアンケート調査報告〉在宅勤務中、家の中にオフィス環境を作る難しさを感じる意見が多数」
  https://prtimes.jp/main/html/rd/p/000000022.000043878.html

- ReseMom「休校中のオンライン授業、高校で14%…大学でも半数以下」
  https://resemom.jp/article/2020/05/07/56131.html

- 日経BP 教育とICT Online「ほぼ全ての大学が遠隔授業を実施または検討中。文部科学省が調査」
  https://project.nikkeibp.co.jp/pc/atcl/19/06/21/00003/051900076/

- FNNプライムオンライン「《調査報告》「大学のオンライン授業」実施率97%、今年4〜5月に〝緊急導入〟」
  https://www.fnn.jp/articles/-/63729

- PR TIMES「急増する「オンライン飲み」と、ならではの楽しみ方。クラフトビール飲み比べ定期配送サービス「ふたりのみ」が「オンライン飲み」の実態を調査。」
  https://prtimes.jp/main/html/rd/p/000000016.000020760.html

- 日経BP日経クロストレンド「『Zoomお見合い』成功率がリアルより高い理由 自然体で話せる？」
  https://xtrend.nikkei.com/atcl/contents/watch/00013/01036/

- nippon.com「ポスト・コロナのオフィス需要はどうなる？」
  https://www.nippon.com/ja/in-depth/d00596/

- INTERNET Watch「『インターネット白書2008』で見るインターネットの現在（1）」
  https://internet.watch.impress.co.jp/cda/special/2008/06/26/20063.html

- 一般社団法人ニューオフィス推進協会「2003年度　第16回日経ニューオフィス賞 受賞オフィス紹介」
  https://www.nopa.or.jp/prize/contents/prize/16/01.html

- FNNプライムオンライン「コロナ収束後も6割超『テレワークを続けたい』が効率は下がった…今後の働き方はどう変わる？」
  https://www.fnn.jp/articles/-/45995

- KOKUYO「コロナ感染拡大防止とこれからの働き方に関するアンケート―東京エリア109社の声―」
  https://www.kokuyo-marketing.co.jp/column/covid-19/post-40/

- 日経BP日経クロストレンド「全社テレワーク移行を早期決断したGMO 3カ月で見えた真実」
  https://xtrend.nikkei.com/atcl/contents/casestudy/00012/00386/

- 日本経済新聞「日立「もう元には戻さない」在宅定着へジョブ型雇用 テレワーク新常態(1)」
  https://www.nikkei.com/article/DGXMZO61454090T10C20A7EA1000/

- BBC NEWS JAPAN「富士通、在宅勤務を基本に コロナ禍の「ニューノーマル」に対応」
  https://www.bbc.com/japanese/53304078

- リサリサ（リサーチ・リサーチ）「一人暮らし男女のご近所付き合いに関するアンケート調査(20代～30代男女対象)」
  https://www.lisalisa50.com/research20170326_7.html

- 株式会社オープンハウス「2020年 コロナ禍を受けたこれからの住まい意識・実態・ニーズ調査」
  https://oh.openhouse-group.com/company/news/news20200608.html

- マナミナ「コロナ影響下での消費者動向、アフターコロナへの展望を調査」
  https://manamina.valuesccg.com/articles/885

- NHK NEWS おはよう日本「建築家・隈研吾さんが語る〝アフター・コロナ〟の建築」
  https://www.nhk.or.jp/ohayou/digest/2020/06/0616.html

- CanCam.jp「『コロナ離婚』は他人事じゃない！ 実際に『離婚を考えた夫婦』のリアルな声」
  https://cancam.jp/archives/850165

- 内閣府 政策統括官（経済社会システム担当）「新型コロナウイルス感染症の影響下における 生活意識・行動の変化に関する調査」
  https://www5.cao.go.jp/keizai2/manzoku/pdf/shiryo2.pdf

- 東京ガス都市生活研究所「新型コロナウイルスによる暮らしの変化とおうち時間を楽しむアイデア」
  https://www.toshiken.com/report/life58.html

- 日本経済新聞「DIYや家庭菜園…コロナを機に『自給自足』」
  https://www.nikkei.com/article/DGXMZO60029100V00C20A6SHA000/

- GOOD DESIGN AWARD「フォーカス・イシュー2018」
  https://www.g-mark.org/activity/2018/focusedissue2018.html

- 総務省 令和元年版情報通信白書「第1部 特集 進化するデジタル経済とその先にあるSociety 5.0」
  https://www.soumu.go.jp/johotsusintokei/whitepaper/ja/r01/html/nd124210.html

- 日経BizGate「『収束後もテレワーク中心に働きたい』4割 現状はストレスも コロナ後の働き方
  BizGateアンケート」
  https://bizgate.nikkei.co.jp/article/DGXMZO58794730006052020000000/

- NHK NEWS WEB「カルビー 単身赴任やめ家族と同居可能に 新型コロナに対応」
  https://www3.nhk.or.jp/news/html/20200625/k10012483571000.html

- 日本経済新聞「キリンホールディングス、期限定めず出社上限3割に」
  https://www.nikkei.com/article/DGXMZO60791330V20C20A6XQH000/

- ITmediaビジネスONLINE #SHIFT「ヤフー、10月から正式に無制限リモートワーク 社外から『副業
  人材』募集も」https://www.itmedia.co.jp/business/articles/2007/15/news109.html

- セイコーホールディングス株式会社 セイコー時間白書2020「時間との付き合い方がより自己主体
  的に〝新しい生活様式〟に取り組み始めた現代人」
  https://www.seiko.co.jp/timewhitepaper/2020/detail.html

- SUVACO株式会社「新型コロナウイルスによるライフスタイルの変化で気づいた我が家の良かっ
  た点・改善したい点」
  https://suvaco.jp/doc/press-release-200605

- 日本野球機構セントラル・リーグ 年度別入場者数（1950〜2019）
  https://npb.jp/statistics/attendance_yearly_cl.pdf

- 日本野球機構パシフィック・リーグ 年度別入場者数（1950〜2019）
  https://npb.jp/statistics/attendance_yearly_pl.pdf

- ゴトーのブログ「プロ野球の観客動員数の推移。視聴率や競技人口は落ちているが、動員はほぼ右
  肩上がり。」
  https://www.gamehuntblog.com/entry/npb-attendance-transition

- 千葉・柏発！ 日刊超特急！「2019年の巨人戦平均視聴率は5.56％」
  https://ameblo.jp/midori-gblog0201/entry-12576949297.html

- 星野リゾート「星野リゾートの『マイクロツーリズム』ご近所旅行のススメ」
  https://www.hoshinoresorts.com/sp/microtourism/

- 株式会社LJB「新型コロナウイルス感染拡大による、暮らしや心の変化および旅行再開に向けての
  意識調査（2020）」
  https://press.jtbcorp.jp/jp/2020/05/2020-4.html

- TRAVEL JOURNAL ONLINE「ワーケーション促進へ自治体連合が発足、企業に制度化働きかけ」
  https://www.tjnet.co.jp/2019/12/23/

- 日本トレンドリサーチ「【ワーケーション】約4割の方が、今後普及していくと『思う』」
  https://trend-research.jp/4108/

- レスポンス「新車登録台数、コロナ禍で4割減…スバル／三菱は7割減 5月」
  https://response.jp/article/2020/06/01/335166.html

- レスポンス「中古車登録台数、新型コロナ影響や消費増税で過去最低 2020年上半期」
  https://response.jp/article/2020/07/14/336544.html

- @Press「アイランド株式会社による『新型コロナウイルス感染症流行による家庭での料理の変化に関する調査』」
  https://www.atpress.ne.jp/news/211593

- PR TIMES「ウィズ／アフターコロナも〝パン作り〟ニーズが拡大中！ トースターでも焼ける『手作りチョコパンキット』を販売開始」
  https://prtimes.jp/main/html/rd/p/000000004.000005892.html

- ダイヤモンドオンライン「コロナ時代に「売れる商品・売れない商品」トップ30、口紅は大幅減」
  https://diamond.jp/articles/-/237355?page=6

- クーリエ・ジャポン「コロナ後の世界を描く『4つの未来予想図』『パンデミック対処には〝反戦時経済〟が必要』コロナの先の経済学」
  https://courrier.jp/news/archives/197274/

- マンションエンジン「江東区の相場情報」
  https://www.manen.jp/market/details/13/01/13108/0/

- MAJOR 7「新築分譲マンション購入に際しての意識調査 2019年」
  https://www.major7.net/contents/trendlabo/research/vol031/

- 総務省 報道資料「平成30年住宅・土地統計調査 住宅及び世帯に関する基本集計結果の概要」
  https://www.stat.go.jp/data/jyutaku/2018/pdf/kihon_gaiyou.pdf

- Business Journal「歪んだ「新築住宅信仰」なぜ良質かつ安価な中古住宅は普及しない？ 悪しき慣習と制度」https://biz-journal.jp/2015/07/post_10664.html

- LIFULL HOME'S PRESS「首都圏で中古が新築より売れるマンション逆転現象。新築中心だった市場に本当の転換は起こるか？〜時事解説」
  https://www.homes.co.jp/cont/press/buy/buy_00914/

- O-uccino「中古住宅を巡る日本と欧米の比較」
  http://www.o-uccino.jp/chuko/sp/column013/

- オウチーノニュース「資産価値の高いマンションはこうして選べ！ 値下がりしない10箇条」
  https://o-uccino.com/front/articles/47767

- 総務省統計局 平成20年住宅・土地統計調査「現住居以外の住宅の所有状況」
  https://www.stat.go.jp/data/jyutaku/2008/nihon/9_2.html

- 総務省統計局 平成28年社会生活基本調査「社会生活基本調査から分かる47都道府県ランキング」
  https://www.stat.go.jp/data/shakai/2016/rank/index.html

- ザイマックス総研の研究調査「通勤ストレスがワーカーの満足度に与える影響」
  https://soken.xymax.co.jp/2019/06/04/1906-worker_survey_2019/
- WIRED VISION「小島寛之の『環境と経済と幸福の関係』魅力的な都市とは〜ジェイコブスの四原則」
  http://archive.wiredvision.co.jp/blog/kojima/200801/200801240100.html
- 宇沢弘文「社会的共通資本」
  https://www.af-info.or.jp/blueplanet/assets/pdf/list/2009slide-uzawa.pdf
- Airbnb Japan「『民泊あつし』で快適な休日・温泉・WIFI【517号室・9名】【ワーケーション応援SALE】」
  https://www.airbnb.jp/rooms/34403527
- AIRBNB HOST STORY「Airbnbへの掲載がもたらした、リゾートマンションの有効活用と資産価値向上」
  https://tsite.jp/r/cpn/airbnb/hoststory/interview/p/004/
- PR TIMES「【エンゼル・ひまわりグループ】第7回新潟ニュービジネス大賞を受賞〜シェアリング事業によるリゾートの再生〜」
  https://prtimes.jp/main/html/rd/p/000000009.000030708.html
- LIFULL HOME'S「その年収なら、どんな家に住める？① これが『年収別適正家賃』！」
  https://www.homes.co.jp/cont/rent/rent_00002/
- ReseMom「都内の共働き世帯が増加、28.5％が世帯年収1千万円以上」
  https://resemom.jp/article/2018/11/01/47494.html
- CAREER PICKS「東京都の平均年収は日本一！ 年齢、男女、区別、企業年収も紹介」
  https://career-picks.com/average-salary/toukyou-heikin-nensyuu/
- 幻冬舎GOLD ONLINE「住宅購入を検討し始めたきっかけは？〜一戸建ては人気なのか」
  https://gentosha-go.com/articles/-/26674
- 株式会社リクルート住まいカンパニー「「コロナ禍を受けた『住宅購入・建築検討者』調査（首都圏）」
  https://www.recruit-sumai.co.jp/press/2020/06/-8-4222.html

未來都市
新趨勢

作　　者　　長田英知
譯　　者　　雷鎮興

總 編 輯　　周易正
主　　編　　胡佳君
責任編輯　　郭正偉
行銷企劃　　陳姿妘、李珮甄

美　　術　　陳昭淵
印　　刷　　奇葳彩藝

定　　價　　349 元
ＩＳＢＮ　　9786269518630
版　　次　　2022 年 3 月　初版一刷

出　　版　　行人文化實驗室 / 行人股份有限公司
發 行 人　　廖美立
地　　址　　10074 臺北市中正區南昌路一段 49 號 2 樓
電　　話　　+886-2-3765-2655
傳　　真　　+886-2-3765-2660
網　　址　　http://flaneur.tw

總 經 銷　　大和書報圖書股份有限公司
電　　話　　+886-2-8990-2588

國家圖書館出版品預行編目(CIP)資料

未來都市新趨勢 | 長田英知作；雷鎮興譯
-- 初版. -- 臺北市：行人文化實驗室 | 2022.03 | 192面；14.8*21公分
譯自：ポスト・コロナ時代どこに住み、どう働くか | ISBN 978-626-95186-3-0(平裝)
1. 生活問題 2.生活型態 3.日本 | 542.5931 | 110021816